KAÏNON – ANTHROPOLOGIE DE LA PENSÉE ANCIENNE
sous la direction de Marie-Laurence Desclos et David Bouvier
4

Divines techniques

Anca Vasiliu

Divines techniques

Arts et langage homérique à la fin de l'Antiquité

PARIS
CLASSIQUES GARNIER
2016

Anca Vasiliu est directrice de recherche au CNRS (Centre Léon-Robin, université Paris-Sorbonne). Ses travaux portent sur l'image dans les théories de l'âme, de l'intellection et du langage. Elle a publié *Du diaphane* (Paris, 1997), *Dire et voir. La parole visible du* Sophiste (Paris, 2008), Eikôn. *L'image dans le discours des trois Cappadociens* (Paris, 2010), *Images de soi dans l'Antiquité tardive* (Paris, 2012).

ISBN 978-2-8124-3806-6 (livre broché)
ISBN 978-2-8124-3807-3 (livre relié)
ISSN 2428-7903

À la mémoire de ma mère,
aux vertus de pantarbe.

EPITOMOS

Parole d'or.
Décrire, en style homérique

Deux chemins s'ouvrent au lecteur dans les pages qui suivent : l'un censé se poursuivre dans sa tête, l'autre déroulé sous ses yeux, bien qu'en réalité les deux chemins ne soient taillés qu'à travers la seule parole. Le premier rapprochera le lecteur des enjeux théoriques de la description en partant du paradigme du genre, le bouclier homérique (*Iliade*, chant XVIII). Le second l'embarquera dans une analyse de plusieurs textes descriptifs de l'Antiquité tardive (IVe-VIe siècles) qui font de près ou de loin référence au modèle homérique et dont les auteurs eux-mêmes se réclament souvent. Ces deux chemins se rejoignent non seulement à leur terme mais à chaque pas, comme si chacun et en même temps traçait son sillon sur la même voie. Ni parallèles puisqu'ils se rejoignent, ni identiques puisqu'ils se distinguent, ils conduisent celui qui emboîte le pas de cette voie commune vers une éclaircie unique. Comme ils sont tous les deux taillés à travers la parole, c'est vers une éclaircie de la parole même que ces deux chemins conduisent le lecteur, bien que cette éclaircie soit elle aussi distincte du langage *stricto sensu*, et comme suspendue, faisant l'effet d'une révélation, d'une apparition étrangère à son cadre lorsqu'elle surgit. À terme, les enjeux théoriques qui se dégagent de la description du bouclier d'Achille et leurs rappels explicites ou discrets dans les descriptions d'ouvrages et de lieux auxquelles s'adonnent les écrivains de l'Antiquité tardive, finissent par dégager une définition commune du genre ekphrastique par-dessus les siècles ; une définition qui fait de la description une mise à l'épreuve, voire un témoignage de la conception dite « ontologique » ou du pouvoir dit « réaliste » du langage, démiurge de la réalité des choses.

Cette définition, audacieuse pour celui qui réduit la description à un moyen rhétorique et littéraire, n'est cependant pas si inattendue. Un regard attentif au contexte de son usage saisit aisément à quoi sert une *ekphrasis* intervenue subrepticement dans un récit ou un discours. Une apparente diversion ne divertit qu'afin de renforcer l'efficacité du langage, ne fait semblant de suspendre temporairement le but que pour mieux mener à un terme que la parole ne déclare pas explicitement mais qu'elle dévoile ainsi, en le montrant au lieu de l'affirmer directement. Car le langage « marche » sur deux pieds et, bien qu'il trace ainsi un sillon de chaque côté, ne tangue entre *dire* et *montrer* que par volonté, de même qu'il ne choisit de ramener ces possibilités d'un seul côté de l'expression que par décision dûment réfléchie. S'il est vrai que le genre ekphrastique se range dans les manuels anciens parmi les dix ou quinze exercices préparatoires (*progymnasmata*) à la bonne maîtrise de l'art d'écrire des discours, il est tout aussi vrai que le plus souvent l'usage de l'*ekphrasis* dépasse largement la condition d'instrumentalisation spécifique de la parole en vue d'assurer un meilleur effet persuasif. Mais le manque de gratuité dans le recours à une *ekphrasis* n'est pas la conséquence de son appartenance au registre des « astuces » de la rhétorique, à l'art de gagner un procès ou de maîtriser l'attention d'un lecteur. Si la description n'est pas « innocente » et ne surgit jamais spontanément dans une prise de parole, la raison vient d'ailleurs. La description est conçue et fabriquée pour entrer en résonance avec le contexte dans lequel elle apparaît et pour concentrer comme un point focal les liens que la parole entend tisser avec (et parfois autour de) celui qui la reçoit. Elle dissimule ainsi la faiblesse foncière du langage, le fait que le mot n'est pas une « chose », en réalisant précisément ce qui semble manquer à celui-ci : la possibilité de toucher aux choses mêmes en les *réalisant*, en les menant littéralement à leur accomplissement et en les protégeant de la sorte du néant ou de l'oubli. Car le langage peut, en effet, transformer en or ce qu'il touche. *Dite* et *décrite*, la chose brille alors de toute son évidence pendant que les paroles que l'on vient d'entendre s'évanouissent laissant apparaître ce qu'elles ont porté au jour.

La vision produite et la prédication ou le raisonnement autour, dépassent à la fois les choses et les mots qui les appellent et les définissent. Cependant, de cet or qu'il fabrique grâce à son pouvoir de toucher aux choses, le langage, contrairement à Midas, se nourrit ; il reçoit un retour de lumière, un reflet qui lui donne d'être quelque chose à son tour. Ainsi, le langage se dévoile être semblable à un vivant, être animé par ce que lui-même anime, mais se dévoile aussi comme un vivant singulier dont les deux pieds sur lesquels la parole marche ne sont pas égaux. Si le langage ne prend pas garde à sa condition, le discours boite nécessairement, même s'il atteint sa fin ; mais si, au contraire, l'expression transforme en atout la structure à la fois duale et asymétrique du langage, le langage devient alors à la fois vrai, c'est-à-dire *clair*, et puissant, c'est-à-dire *acte*. La parole est dans ce cas parfaite puisque, parvenue à ce pour quoi elle est faite, elle fait en même temps corps commun : dire ce qu'il en est de l'existant, du vivant et du non-être, du singulier, de l'unique et de l'ensemble, du particulier et de l'universel, c'est aussi faire acte, poser la parole comme on pose une marque de possession. Le langage acquiesce ainsi à sa faiblesse – il n'est pas l'être, pas le vivant, pas le singulier, pas l'idée d'universel –, mais montre en même temps l'étendue de son pouvoir quand il dit : « *c'est...* ». Or l'*ekphrasis* (bien entendu, le nom est plus jeune que la pratique qu'il désigne) constitue le lieu précis où ce statut et cette condition double du langage se définissent. Dans le périmètre d'une description, la chose décrite et le langage mis en condition de révélation descriptive dévoilent mutuellement la condition de la réalité et le statut de ce qui fait acte de son expression en prenant le pouvoir sur ce que le langage n'est essentiellement pas.

Le genre ekphrastique subsiste au-delà de la fin de l'Antiquité. Mais ce ne sont pas les innovations les plus spéculatives et les plus séductrices mises en place par certains auteurs de la fin de l'Antiquité qui ont garanti la pérennité du genre. Les écrits qui mettent en pratique le genre se réclament perpétuellement du modèle homérique et, s'ils suivent parfois les innovations stylistiques de certains modèles tardifs, ils ne le font toutefois pas en adoptant aussi, automatiquement, la position critique défendue par les rhétoriciens de ce que l'historiographie a appelé la « Seconde Sophistique ». Pourquoi ? Il en va de la conception même du langage que de pratiquer la description en se réclamant d'Homère même lorsqu'on suit les manuels tardifs (d'Aélius Théon, d'Hermogène ou d'Aphtonios). La pérennité du modèle homérique repose sur un pacte de la parole qui lui assigne une place à part face à la rhétorique comme seul art *en titre* du langage : ni divine puisque elle est tenue par l'humain, ni immanente au monde puisqu'elle n'est pas tributaire du conflit des contraires mais se réclame précisément d'ailleurs, la parole tient sans faille sur le pacte d'une imitation des dieux. Si le langage est une ruse, et qu'il est, certes, la ruse des dieux, tenir le langage est nécessairement une manière de copier les dieux, la ruse des dieux consistant précisément à faire en sorte que l'homme aussi puisse s'en servir. Dans ce pacte de la parole, la description tient cependant un rôle à part. Décrire consiste à montrer la manière dont se fabrique le pouvoir du langage, un pouvoir « divin » puisqu'il combat sans armes et qu'il agit sans instruments. Et puisqu'il est « divin », ce pouvoir n'est pas relatif mais absolu, étant d'ailleurs à ce titre le seul pouvoir que les humains peuvent partager ainsi avec les dieux. Comment ? Le langage n'imite pas les choses mais les produit à sa mesure ; s'il est à même de donner à tout une réalité de paroles – je dis bien une réalité de paroles, non de pensée –, c'est parce que le langage n'imite ni les choses elles-mêmes ni la nature, mais bien leur principe, le fait que les choses se montrent, bien que ce qu'elles donnent à voir ne soit pas l'identité même de leur être. Or la description témoigne de ce principe au sein du langage, dans un discours ou dans un récit ; c'est bien de ce principe *à l'œuvre* qu'il est question chaque fois qu'un ouvrage unique ou un lieu précis est décrit au détail près comme *unique* et *précis*, tel le bouclier d'Achille, bien que cet objet prenne dans l'épopée les dimensions d'une frappante dissemblance à l'égard d'un bouclier réel.

Par rapport à ce principe et au rôle tenu par la description homérique, le genre pratiqué par les rhétoriciens de l'Antiquité tardive comporte un changement structurel. Le pouvoir du langage est considéré dorénavant comme un pouvoir relatif, fondé sur l'équivocité de la parole. En même temps, le pacte de l'imitation change lui-même d'objet, la parole ne cherchant plus à imiter le principe de la production mais directement les choses et la nature elle-même. Comme dans les « tableaux » de Philostrate, la description vise maintenant l'idéal du trompe-l'œil, la réciprocité parfaite avec le modèle, voire la possibilité de substitution : la nature est alors celle qui imite l'art, l'art s'y étant substitué pour rendre parfaite l'œuvre de la nature. La perte conséquente de la condition d'asymétrie foncière du langage conduit à changer le pacte de l'imitation, en faisant du coup de la *mimêsis* le principe immanent de l'acte artisanal. Or, dans le paradigme démiurgique de la description de type homérique, dont la structure cosmologique, omniprésente, manifestait l'adéquation avec la puissance productive du langage, ce qui prime est la recherche de l'animé, la possibilité de rendre à la parole la puissance du vivant, à l'exact opposé de la *mimêsis* dont l'effet recherché est d'engourdir tout acte au profit d'une expression donnée comme parfaite. De là résulte que si la nature du langage repose sur l'imitation, et que cette imitation est une invention des dieux, une invention dont l'aspect « artisanal » est fondamental, alors la matrice imitative, appelée plus haut *le pacte* du langage, ne peut pas être mimétique puisqu'il ne s'agit pas de copier des « produits » en série mais de refaire à chaque fois l'acte, à l'instar des dieux. L'*ekphrasis*, qui fait « venir au devant » un objet unique dans son détail le plus précis, met en scène la puissance productive du langage et déconstruit *de facto* le mécanisme de la *mimêsis* afin de rendre à son objet une réalité de paroles, non celle d'un objet factice, et de garder ainsi, grâce à cette réalité de paroles, une articulation naturelle avec le thème du discours ou avec le fil d'un récit. Cette articulation, appelons-la, faute de mieux, « objective » ou « concrète » en raison de son rapport étroit avec la puissance de production des choses, relie explicitement le domaine de la physique à la spatialisation de la parole que produit nécessairement une description d'objet ou de lieu. En outre, cette articulation met en cause les moyens conjoints de l'expérience et de la connaissance à partir de la perception provoquée par le langage lorsque les mots qui composent une description sont choisis dans le lexique de la clarté, de la visibilité, de l'éclat, en utilisant cette insistance sur l'évidence artificielle pour faire apparaître ainsi au grand jour le « saut » entre les données de la saisie immanente et la possibilité d'intellection d'une chose existant exclusivement dans l'« enclos d'or » des paroles *ekphrastiques*.

Un objet complètement nouveau, à la fois sensible car destiné à la vision, et pourtant sans aucun référent immanent immédiat, un objet souvent incongru et pourtant adéquat au rôle qui lui incombe dans l'écrit, apparaît à la faveur du détour *ekphrastique*, dans ce lieu sémantique créé de toute pièce par la description. Cet objet peut sous-tendre un portrait aniconique : une bague présente les traits de la jeune femme qui la porte sans comporter aucun élément d'une figure féminine, de même que le bouclier d'Achille décrit l'univers du vivant sous le décor d'une arme de guerre ; ailleurs, cet objet peut constituer sous des formes architecturales une représentation conceptuelle, tel un palais montrant une structure anthropologique ou une église figurant l'habitat de la sagesse ; mais il peut aussi se présenter comme l'objet d'un rêve pendant lequel se déploie une approche sophistique de la création à travers les mythes et les arts. Le plus souvent cet objet, qui ne ressemble à rien mais qui s'identifie parfaitement à ce qu'il doit montrer selon les contraintes de la parole qui le produit, apparaît comme une sorte d'« automate » : un « vivant mécanique », aussi détaillé et singulier que volontairement et visiblement artificiel, par lequel le langage tente de s'approcher de son altérité radicale, comme le mot cherche à approcher une chose en la re-créant, et s'anime ainsi lui-même en ré-engendrant le vivant ou en donnant, par substitut, de la voix au non-immanent, au sans-cause apparente, au merveilleux, au divin. Cet objet nouveau, l'objet de la parole ekphrastique, est donc tout sauf une copie de l'existant, car le but de cette invention n'est pas de reproduire par description une identité constituée mais d'éclairer, de mettre simultanément en lumière et en acte par la parole ce pourquoi ce qui est devant *est tel* ou *n'est pas réellement* ce qui se montre. La distance inhérente à la langue est ainsi affirmée par le caractère explicitement artificiel de l'objet d'une *ekphrasis* et par le choix fréquent de moyens abstraits qui produisent une mise à distance de l'impression et un rapprochement conséquent du sens donné. Ce fonctionnement, propre aux écrits tardo-antiques se réclamant de l'inspiration homérique, sera privilégié aussi, quelques siècles plus tard, à Byzance, par les tenants de l'iconoclasme, puis par les inventeurs de romans, le genre ekphrastique étant perçu comme relevant d'un certain radicalisme intellectuel, opposé à l'usage pernicieux des vertus cathartiques ou économiques de la bien équivoque ressemblance mimétique.

Les six exemples d'objets produits par des *ekphraseis* de l'Antiquité finissante qui seront analysés plus loin, exemples recueillis dans des textes littéraires et rhétoriques, laissent tous transparaître une référence, à chaque fois différente, au modèle homérique. Il s'agit d'un choix restreint, conçu dans le but de montrer l'étonnant pouvoir de visibilité signifiante caché dans les détails et les recoins des passages descriptifs qui émaillent les textes de cette époque, pouvoir de visibilité signifiante qui repose le plus souvent sur les liens que ces œuvres entretiennent, de manière directe ou implicite, avec l'héritage homérique. Manifesté plus particulièrement dans ces passages ekphrastiques, le retour classicisant, voire archaïsant, au dépens du discours spécialisé sur les œuvres d'art, genre « moderne » mis en place à l'époque dite de la Seconde Sophistique, rend nécessaire l'analyse de certains aspects théoriques des descriptions anciennes. Mais de ce champ théorique bien vaste, notre analyse ne s'est focalisée que sur les aspects ou les thèmes restés encore dominants à travers l'usage tardif de la description dans les œuvres de cette période charnière entre la fin de l'Antiquité et le Haut Moyen Age.

Ne suivant pas directement le modèle de l'*ekphrasis* d'une « œuvre d'art » réelle ou fictive, modèle illustré par la célèbre série des *Eikones* de Philostrate, les « littérateurs » de l'Antiquité tardive qui réfèrent encore au *topos* classique du bouclier homérique le font dans le but d'illustrer ainsi l'une des interrogations dominantes de leur temps : celle concernant le pouvoir démiurgique du *logos*, opposé au pouvoir mimétique signifiant, dans le sillage de la Seconde Sophistique, plaisir, surprise, délectation devant le pouvoir feint du trompe-l'œil, un masque cachant l'attrait pernicieux pour le pouvoir absolu. Cependant, toutes les *ekphraseis* analysées ne refusent pas la référence sophistique, surtout que dans la plupart des cas celle-ci se tourne elle-aussi vers le modèle homérique. Il y a même quelques échos de certaines images philostratiennes chez Nonnos (dans la description d'un ambigu palais-tableau) et chez Grégoire de Nysse (dans le *topos* des descriptions de fruits), bien que le traitement même de l'allusion au modèle sophistique montre que le détour descriptif par une « œuvre d'art » joue ici un tout autre rôle. Les quelques exemples illustrant ce « contre-courant » classicisant, sont en outre choisis parmi des exemples littéraires dont les échos se retrouvent encore dans des romans ou dans des poèmes philosophiques byzantins et latins des XIe-XIIIe siècles.

Les textes analysés après l'approche théorique du sujet sont d'une part des *ekphraseis* tirées d'un contexte épique : une bague-paysage chez Héliodore (*Les Éthiopiques*) et un palais avec verger et jardin chez Nonnos de Panopolis (*Les Dionysiaques*), donc deux mises en situation « épique » de l'*ekphrasis*, dans un roman d'aventures et dans un poème à la fois romanesque et allégorique. D'autre part, ce sont des *ekphraseis* qui appartiennent explicitement au contexte rhétorique : description de paysage avec jardin, piscines et demeures par Grégoire de Nysse (*Lettre* 20) ; description d'un projet d'église-*martyrium* par Grégoire de Nysse également (*Lettre* 25) ; description d'un portique avec statues par Christodoros (*Ekphrasis du Zeuxippos*), un *remake* de Callistrate, mais avec une mise en perspective homérique du genre, dans le goût homérisant développé à Constantinople autour de l'an 500. Et enfin, le chef-d'œuvre du genre, l'*Ekphrasis de Saint-Sophie* de Constantinople par Paul le Silentiaire, à l'époque de la seconde construction de l'édifice, après son effondrement partiel causé par le tremblement de terre de 557.

Nota bene. Bien que structurée par genres (philosophique, épique, rhétorique), cette brève étude essaie de mettre en évidence l'extrême porosité des frontières et l'anhistorisme en matière d'écriture. La structure formelle des chapitres présente une composition à deux étages : le texte proprement dit, qui déploie le fil d'une démonstration ou d'une analyse, et les notes qui sont parfois longues et font office de *marginalia*, comme dans les manuscrits ; dans les notes les plus étendues sont en effet reléguées des réflexions, des connexions, des hypothèses d'interprétation et même des coups d'œil sur la suite du texte, en somme des digressions, des informations ou des thèmes mis en attente, qui ne doivent pas interrompre la lecture du texte principal mais qui l'appuient, l'orientent et parfois le complètent efficacement. Des *Cahiers* de textes sont en outre glissés entre les chapitres ; ils sont destinés à rafraîchir la mémoire du lecteur en citant *in extenso* et en structurant thématiquement les fragments les plus démonstratifs des textes analysés dans le chapitre qui précède chaque *Cahier*.

Le lecteur aura compris à la fin de ce prologue qui résume la thèse de l'essai, qu'il ne trouvera pas dans les pages qui suivent une étude historique ou théorique consacrée à l'*ekphrasis*. En effet, les études excellentes du genre ne manquent pas dans la bibliographie de spécialité. Explorant la pratique ekphrastique en contexte épique et rhétorique à partir d'une réinterprétation du modèle homérique, les quelques chapitres qui suivent proposent des pistes de réflexion en marge de celle-ci et visant à déceler le pouvoir qui revient au langage lorsque celui-ci donne par lui-même un pouvoir à la visibilité des choses qu'il met en avant par leur description. Car la description relève de la confrontation entre la parole et la vision, et cette confrontation est au cœur de la réflexion sur la primauté du pouvoir entre produire et penser la réalité des choses.

L'un des premiers lecteurs de cet essai a été Jean-Christophe Bailly, pratiquant lui-même du genre ekphrastique. Son appréciation m'a encouragée à poursuivre la démarche. M'ont également aidée les lectures avisées de Karel Thein, Maria

Zoubouli, Lidia Palumbo, Silvio Marino et Alessandro Stavru, ainsi que le soutien de Sante Bagnoli, Silvano Petrosino et Philippe Markiewicz pour le chapitre consacré à la Sainte-Sophie de Constantinople.

LOGOS-DÊMIOURGOS

> *And observing is completing and we are content,*
> *In a world that shrinks to an immediate whole,*
>
> *That we do not need to understand, complete*
> *Without secret engagements of it in the mind.*
> Wallace STEVENS, *Description without place*, III[1].

Toute *technique* de la parole, tout *art de dire*, toute forme achevée d'énonciation fait fond, et inévitablement retour, sur le paradigme du *logos* constructeur de réalité. Parler, dire, énoncer, mettre en acte la parole exige un art, mais cet art s'exerce sur la capacité du langage à disparaître aussitôt le but atteint. La construction d'une maison exige un échafaudage qui sera démonté une fois la maison achevée, mais la maison témoignera de l'art du maçon et de l'architecte. Un texte, en revanche, comporte une construction qui disparaît en emportant tout ce dont le texte est fait ; celui-ci parle une langue à peine audible (hormis la scansion des poèmes) et enfile des mots dont le propre se trouve en dehors des mots, puisque les mots désignent les choses et leurs raisons. Le langage construit une réalité, mais cette réalité n'est pas, ni ne se veut être d'ailleurs, une réalité de mots. Par le *logos* c'est la pensée qui sort, victorieuse ou non, de sa confrontation avec l'objet de l'expérience, avec ce qui s'entend ou se tient devant les yeux. Le propre du *logos* n'est donc pas l'objet, le lieu ou l'être empruntés à l'expérience pour les transformer en objets, lieux ou héros d'un texte,

1 « Et voir est accomplir et nous voici contents / Dans un monde qui se réduit à son tout immédiat, // Quand nous n'avons pas besoin de comprendre, accompli / Sans que l'esprit y mette le moindre arrangement secret. » *Description sans domicile*, trad. B. Noël, Nice, Éditions Unes, 1989 (p. 48-49).

mais la possibilité de conduire à la perfection de l'art cet objet, lieu ou héros afin qu'il soit mis en relation directe avec l'auditeur ou le lecteur de la parole d'un discours ou d'un récit et que cette relation touche et éclaire comme si le lien était immanent, alors que le *logos* est, *lui*, transcendant aux termes de cette relation. La perfection de cet art se mesure donc à la capacité d'atteindre sa propre transcendance et de se régénérer à partir de son perpétuel et nécessaire retour sur le statut que la transcendance assure au *logos*, miroir de la pensée intellective et animée. La parole devient vivante quand son acte de dire donne à penser tout autant (sinon plus) que la parole elle-même ne communique. C'est à cette fin que la puissance paradigmatique du *logos* se mesure à la capacité de transformer l'objet en chose capable de parler d'elle-même. En retour, la transparence ou la clarté nécessaire pour enchâsser dans la parole son objet ne fait pas d'office la vérité d'un énoncé face à la réalité supposée de la chose. Il faut *littéralement* créer un « corps commun » avec la médiation linguistique pour piéger l'évidence silencieuse de l'objet. Faire parler les choses requiert de savoir toujours bien faire parler les mots.

Divine technique, de pure parole qui agit sans instrument apparent ni nécessité de se mouvoir. Suit une dénonciation de la mimêsis[1].

RACONTER ET DÉCRIRE
Les techniques divines du *logos-dêmiourgos*

Que la parole soit « divine », soit. La nomination, par exemple, exprime un pouvoir, or toute expression du pouvoir est auréolée, manifestant quelque chose qui déborde l'expérience immédiate. Mais pourquoi considère-t-on comme « divines » plus particulièrement

1 Une première version de ce chapitre, ainsi que de certains passages des chapitres « *Epos* » et « *Rhêtorikê* », a été publiée en italien sous forme d'article dans un numéro thématique de la revue *Estetica. Studi e ricerche*, 1/2013 (Aracne editrice, Rome) sous le titre « Del divino nelle tecniche. Descrivere in stile omerico alla fine dell'antichità » (p. 233-268) ; le numéro est consacré à l'Ekphrasis et a été dirigé par S. Marino e A. Stavru. Cette version initiale a subi des modifications substantielles et des ajouts lors du travail de cet ouvrage.

certaines techniques de la parole ? On appelle ainsi, le plus souvent, les techniques qui se destinent à créer elles-mêmes leur objet, bien que cet objet, qu'il soit inanimé ou vivant, n'ait rien de divin en lui-même, *a priori*. Cet objet prend acte et forme par la parole ; mais, venant à être et devenant dès lors évident, aussitôt la saisie de son apparition laisse derrière elle la médiation des mots. L'objet apparaît alors comme de lui-même et c'est bien cet acte d'autorévélation qui est perçu comme « divin ». Ce serait donc par emprunt d'un certain modèle de production rivalisant avec l'engendrement que cette technique fait ainsi effet double : quelque chose est mis en avant, ou vient devant par sa mise au monde, pendant qu'une autre se retire et se maintient en retrait tout au long de l'œuvre. « Création », *poïêsis*, est le nom de ce modèle spécifique de production.

Pour les Anciens les techniques de la parole « créatrice » proviendraient directement de la pensée aussi industrieuse que discrète d'un démiurge faisant habiter la parole à même la matière et la forme associées. Pour exemple, ce vers homérique tardif, byzantin, qui décrit une œuvre en la considérant comme « divine » puisqu'elle rend visible par le travail du bronze la pensée d'un dieu s'exprimant à travers les mots du poète médiateur : Ἦ καὶ χαλκὸν ἔχευσεν ὁμῆ θεὸς εἴδεϊ μορφῆς… L'œuvre est un portrait d'Homère et le poète qui la décrit décrypte aussi ce mécanisme d'apparition et d'occultation simultanée[1]. La pensée créatrice,

1 « Certes, c'est un dieu qui a coulé ce métal [bronze] à la ressemblance de sa forme corporelle (Ἦ καὶ χαλκὸν ἔχευσεν ὁμῆ θεὸς εἴδεϊ μορφῆς) ; car je ne puis pas croire, je ne puis imaginer qu'un tel chef-d'œuvre ait été forgé par un ouvrier mortel, assis près de son fourneau ; mais c'est l'industrieuse Athéna qui l'a façonné de ses propres mains (ἀλλ' αὐτὴ πολύμητις ἀνέπλασε χερσὶν Ἀθήνη), connaissant bien ce corps où elle habitait (εἶδος ἐπισταμένη τόπερ ᾤκεεν) : car Homère la portait en lui (ἐν γὰρ Ὁμήρῳ) et c'est elle qui faisait entendre par sa bouche ses chants artistiquement composés (αὐτὴ ναιετάουσα σοφὴν ἐφθέγγετο μολπήν). » Christodoros de Coptos, *Description des statues du Zeuxippos* (Constantinople), v. 314-319, in *Anthologie palatine*, Liv. II (trad. P. Waltz, *Anthologie Grecque*, Paris, Les Belles Lettres, 1960, tome 1, p. 75). Le fabricant de l'œuvre est un être divin puisqu'il fait venir au monde à la fois la chose et son reflet en paroles, un objet que l'on peut voir et son double dont on entend la voix à travers la scansion des mots. Dans la littérature du genre *épideictique* (description, éloge, épigramme), type d'écriture *seconde*, œuvre autour d'une œuvre, c'est la figure du démiurge qui prend la place des Muses et des Nymphes patronnes de l'inspiration. Le passage cité est un exemple typique. Christodoros assigne à Athéna le portrait en bronze d'Homère dans la tête duquel la déesse aux yeux pers avait habité pendant que le poète aveugle donnait, de son vivant, à entendre les histoires en vers qu'elle-même composait. Le poète et le sculpteur s'identifient et s'effacent mutuellement, tous deux au profit d'Athéna, devenue rivale d'Apollon, des

qualifiée d'heureuse et divine (*eudaimonia*, *theia*) puisqu'elle produit ou engendre d'elle-même son objet, détient donc un pouvoir. « Divine encore est l'invention qui machina ces images (δαιμονίᾳ καὶ ταῦτα μηχανῇ γεγονότα) » s'exclame l'Étranger, dans le *Sophiste* de Platon[1], en parlant des deux parties qui composent la réalité de chaque chose : ce qui est réellement et l'image qui montre ce qui est. Cependant, à la différence des autres formes de production, la pensée qui crée quelque chose par la parole recèle en même temps un paradoxe qui déstabilise à son insu ce pouvoir, ou du moins sert de garde-fou. Ce paradoxe, en contrepoint du pouvoir de création, n'est pas partagé par la production. Il est, en revanche, inscrit dans le modèle de l'engendrement, car c'est selon ce dernier que le *logos*, telle la *phusis*, peut être aussi bien créateur d'évidences à partir de ce qui existe silencieusement, qu'il peut être lieu de dévoilement et de dépassement, lieu où se créent en s'exprimant des *réalités de parole* pour ce que la pensée ne peut ni nommer ni définir d'un seul trait : le bien, l'être, le rien, le mouvement ou un dieu. Mais est-il encore « divin », le *logos*, créateur non de ce qui reflète et fait briller une chose, créateur non de l'évidence mais de ce que signifie l'évidence pour le *logos*, à savoir l'absorption des mots dans leur propre négation, la résorption d'une parole qui crée lorsqu'elle se heurte à sa propre limite ? Et quelle serait alors cette parole qui crée précisément parce qu'elle se heurte à sa limite et se voit par conséquent obligée de se tenir en retrait tout au long du dévoilement qu'elle produit ?

De même qu'elle est *cause séparée* et *créatrice* à la fois, fait sans faire elle-même, agit sans y toucher, la pensée qui se laisse entendre à travers la récitation d'un poème ou qui transparaît dans l'ordonnancement d'un discours se situe, simultanément, dans l'identité d'une saisie instantanée et dans la contradiction rugueuse entre les termes successifs du *logos*[2].

Muses et d'Héphaïstos car créatrice d'une œuvre divine à la fois dans les vers de l'œuvre chantée et dans le bronze de la statue. Je reviens à la fin du chap. « *Rhêtorikê* » sur ce passage précis et sur les enjeux de l'*ekphrasis* tels qu'ils ressortent de cet exemple classique du genre, bien qu'historiquement « tardif ».

1 *Sophiste*, 266b 7 (trad. A. Diès, Paris, Les Belles Lettres, 1963).

2 Les deux qualificatifs, *lisse* (qui fait briller) et *rugueux* (qui rend l'ombre, le contraste), sont évidemment empruntés au *Cratyle* (408c) ; le premier qualifie le langage qui habite avec les dieux, le second le langage tragique et contradictoire (rempli de mythes et de mensonges), propre au commun des hommes. Le premier serait réflexif, comme un miroir, et produirait l'évidence immédiate, tandis que le second serait séquentiel, propre aux discours, opérant par le biais de la syntaxe et empruntant les voies de détour des conjectures

Comme si elle déployait sous forme d'un ensemble hétérogène ce que Parménide définit comme identité essentielle entre *être* et *penser*, cette pensée démiurgique ou poïétique se tient à l'écart de ce qu'elle est censée produire à travers le langage. Elle ne dissimule pas cet écart mais au contraire le met en avant pour maintenir la distinction foncière du langage à l'égard de la pensée, et fonder en même temps l'unité entre ce qu'elle distingue en unissant et ce qu'elle unit en distinguant : le mot et la chose qui à la fois est et n'est pas ce que le mot indique ou affirme à son sujet. Le *logos*, bien qu'« instrument » premier de la pensée, offrirait donc le terrain où distinction et union se déploient et se replient. Son pouvoir serait alors « divin » parce que le *logos* fait et défait en même temps, parce qu'il agit de la même manière que le démiurge du monde capable de distinguer et de réunir l'unité et le multiple (*Timée*, 68d-e)[1] ; ou parce qu'il agit de la même manière que la *phusis* qui arrache et ressème, engendrant continuellement ce qui est et n'est pas à l'instant d'après.

En possession d'un pouvoir « divin » capable de transformer la parole en œuvre (ἕξει τῇ δυνάμει τοῦ θεοῦ ἔργον ποιῆσαι δυναμένου τὸν λόγον)[2] – appelons « fictionnel » ce pouvoir de démiurgie par la parole,

---

et des démonstrations. En extrapolant, on pourrait y voir une distinction entre le régime ekphrastique et le régime diégétique de la parole, bien que Platon fasse allusion pour le second genre de langage plutôt au théâtre qu'au récit. La discussion sur les genres est reprise dans le livre III de la *République* (392c-394b), mais cette fois-ci l'opposition se construit sur le rapport entre mimétique et diégétique (narration simple et narration par imitation). Ce que Platon vise par cette opposition, et qu'il illustre par son analyse du début de l'*Iliade* (I, v. 15-16), est l'établissement du sujet par rapport à l'acteur de la parole qui n'est ni le créateur des mots ni l'engendrant du discours, mais seulement son agent de transmission.

1 Pour mémoire : « Car seul un dieu sait bien comme on peut mêler en un même tout, pour les dissocier ensuite, des éléments divers (ὅτι θεὸς μὲν τὰ πολλὰ εἰς ἓν συγκεραννύναι καὶ πάλιν ἐξ ἑνὸς εἰς πολλὰ διαλύειν), et seul il est aussi capable de le faire. Mais nul homme n'est actuellement capable de faire ni l'un ni l'autre, ni sans doute, ne le sera jamais à l'avenir. » (trad. A. Rivaud, Paris, Les Belles Lettres, 1925).

2 « Ce qui est projeté se réalisera par la puissance de Dieu qui peut, où qu'il la dise, transformer la parole en œuvre. » Empruntée à Grégoire de Nysse, *Lettre* 25, 1 (*Lettres*, éd. et trad. P. Maraval, Paris, Cerf, coll. S. C. 363, 1990, p. 289), cette expression est un exemple parmi tant d'autres qui appellent « divin » le pouvoir démiurgique du langage. Bien que la référence du théologien soit biblique, le *topos* est d'ordre rhétorique dans ce contexte précis : la parole a la puissance de donner réalité à la chose-dite. Il s'agit du passage qui ouvre l'*ekphrasis* d'une église inexistante, un *martyrium* que Grégoire projette de construire. Description d'un projet, non d'une chose existante, la lettre de Grégoire produit, par l'intermédiaire des mots, la projection visuelle d'un désir. Ailleurs Grégoire confesse avoir appris lui-même beaucoup de choses de l'ordre de l'expérience directe des

bien que le terme soit aussi ambigu que si on appelait « ontologique » le *logos* –, la pensée qui crée par le mot son objet, révèle ainsi la puissance en même temps que les limites inhérentes du langage à l'égard des identités créées. Et c'est bien là qu'apparaît, en y réfléchissant, la contradiction interne du langage : la parole fait tout avec « le plus petit des corps » comme dit Gorgias[1], renverse le pouvoir massif et muet du phénoménal comme David a raison de Goliath, en faisant triompher des choses leur évidence comme puissance signifiante ; mais elle produit aussi, simultanément, sa propre limite, laissant une place dans le discours à l'absence de sens obvie. *Faire tout* signifie donc que la parole dit aussi ce qui ne peut pas se dire, que le langage ne se conçoit que s'il est à même de laisser la porte ouverte à l'entendement, même là où tout semble obscur.

Car jamais dire n'épuise en effet la chose-dite, ni quand la chose se trouve sous les yeux, objet de l'expérience, ni, *a fortiori*, quand elle est forme intelligible (*eidos*), concept (*noêton*), objet de l'imagination ou représentation (*phantasma*). Bien qu'elles n'aient pas de réalité immanente en dehors du discours ou du récit qui les exprime et leur donne une apparence et une vie, la forme, l'idée, la représentation fournie par l'imagination transcendent cependant, tout autant que l'objet sensible, la parole qui les désigne et les définit. Ce que la parole dévoile, ce qu'elle manifeste ainsi la dépasse toujours et la mange, la consomme par les deux bouts : par ce qu'elle fait être et qui la dépasse nécessairement, et par ce qu'elle dit ne pas pouvoir contenir et qui par conséquent la limite et, à terme, la nie. Ce pouvoir, doublé de

---

lieux et des œuvres en lisant seulement les descriptions glissées dans les récits des anciens. Il appelle la description du terme ancien *hupographê*, en la distinguant du récit, *diêgêsis*, qui s'en sert (διὰ τῆς τῶν λόγων ὑπογραφῆς ἐν τοῖς διηγήμασι τῶν ἀρχαίων κατανοήσας, « Moi… qui ai appris à en connaître beaucoup à travers les descriptions qu'on trouve dans les récits des anciens », *Lettre* 20, 2). J'y reviendrai (chap. « *Rhêtorikê* »).

1 Allusion au passage de l'*Éloge d'Hélène* de Gorgias : « le discours est un maître puissant qui, par un corps très petit et tout à fait invisible, accomplit des actes au plus haut point divins (Λόγος δυνάστης μέγας ἐστίν, ὃς σμικροτάτῳ σώματι καὶ ἀφανεστάτῳ θειότατα ἔργα ἀποτελεῖ) » (8, 4-5), passage souvent cité et commenté par B. Cassin (voir la bibliographie à la fin de l'ouvrage). Le thème est repris aussi par Grégoire de Nazianze : « Nous voulons, pour ainsi dire, exécuter un grand travail avec un petit instrument (οἷον ὀργάνῳ μικρῷ μεγάλα δημιουργοῦμεν), quand nous faisons la chasse à la connaissance de la réalité avec la sagesse humaine (τῇ ἀνθρωπίνῃ σοφίᾳ τὴν τῶν ὄντων γνῶσιν θηρεύοντες) et quand nous abordons l'intelligible (τοῖς νοητοῖς) avec les sens (μετὰ τῶν αἰσθήσεων) … » (*Oratio* 28, 21, 1-5, éd. et trad. P. Gallay, Paris, Cerf, coll. S. C. 250, 1978).

sa contradiction spécifique, consiste donc en son auto-dépassement. Toute « divine » qu'elle soit, la parole *créatrice* engendre ce qui est destiné à lui échapper à jamais pour pouvoir poursuivre son chemin dans la tête, et parfois dans une parole renouvelée, celle d'autrui. Le pouvoir du *logos* est-il alors « divin » parce qu'il est capable de *faire*, de donner un corps à la réalité de l'existant ? Ou bien parce qu'il peut faire *tout*, y compris ce qui n'est pas, c'est-à-dire faire en sorte qu'il soit débordé par ce qu'il engendre lui-même dans la négation ou dans l'accomplissement ?

Toujours est-il que c'est bien de ce pouvoir du *logos* qu'Hélène serait la figure fondatrice, en victime et en manipulatrice à la fois, lorsqu'elle fait l'objet d'un rapt plus ou moins consenti en se laissant embarquer par la force d'une parole qui dépasse la loi et le raisonnement. Et c'est bien de ce pouvoir qu'elle-même se sert pour agir, en magicienne qui distille la parole du récit pour assouvir le chagrin qui déborde même les plus preux des hommes[1].

DÉCRIRE POUR RESTER ÉVEILLÉ

Décrire est cependant l'acte premier par lequel la parole, en créant ou en re-créant la chose décrite, se distingue en même temps de la chose en faisant part, d'emblée, de cette distinction inaugurale. Ou plutôt c'est l'acte second après la nomination, mais premier en tant que discours, acte qui, énonçant *comment* est faite une chose, agit sur les moyens de sa perception et montre en même temps la distinction radicale de sa propre nature. Parce que le mot n'est pas la chose qu'il indique, le discours peut prétendre à un savoir sur la chose dans le cas d'une définition, et même à un certain pouvoir par l'entremise d'une conjecture ou d'une représentation de substitut. Mais la description,

1 Voir B. Cassin, « 'Hélène' Femme et *Logos* », dans le volume λόγον διδόναι *La filosofia come esercizio del render ragione*, Studi in onore di Giovanni Casertano, dir. par L. Palumbo, Naples, Loffredo editore, 2012, p. 53-68. Pour une autre interprétation de la figure d'Hélène-*logos*, en rapport avec Aphrodite, la notion de double et la tradition orphique et gnostique, voir G. Brivio, *Paradoxa Aphroditae. Le origini antiche della duplice dea et l'amor platonico*, Genova, Il Melangolo, 2007 (en particulier p. 144-150).

elle, vient en premier et se distingue de la définition en raison de son caractère bâtard qui fait du langage à la fois un art, celui de connaître la chose en la dépliant en des phrases (*ek-phrazô*), et un métier, celui de fabriquer la chose en l'expliquant et en ayant la matière même, *étrangère* au mot, comme support (ou lieu) et comme limite de son travail de « démiurge » second. Car dans la description le langage doit montrer la chose au détour de ses détails que lui-même fabrique, tout en gardant inentamée la signification de la chose et en indiquant seulement, comme avec le doigt, ce qu'il faut y voir : non la chose signifiante mais d'abord son image, la première et la seule qui soit réductible à l'affirmation qu'une chose est-là, sous les yeux, dévoilée au regard par des mots prodiges, des mots qui savent montrer, à même la chose visée, le lieu propre de leur différence radicale.

Le doigt qui montre, antitype du langage puisque témoin sans bruit de chaque détail, est dans ce cas l'allié premier de la description considérée comme moyen de persuasion parce qu'il détourne l'attention des mots au profit de la chose décrite (que celle-ci soit ou non *réellement*), et qu'il en fait ainsi une preuve. Dans le style peuplé de figures abstraites des écrivains de la fin de l'Antiquité : « Persuasion pour Cadmos étend le doigt, clair indice qui supplée au langage, et lui montre par cet interprète silencieux la demeure qui jette mille feux[1] ». La description du palais rayonnant suit immédiatement. L'auteur insiste sur la disposition des espaces, sur le choix des matières et surtout sur les détails de finition de l'ouvrage, en particulier les jointures et les cadres. Mais de quoi le palais est-il la preuve dans ces conditions ? De la puissance du *logos* qui ne connaît pas de limite puisque les mots s'enchaînent aux mots et construisent ensemble un lieu sans appui ni couture visible. Les impressions sur Cadmos sont aussi fortes que fugaces puisque chaque étonnement est remplacé aussitôt par un autre encore plus grand – fuite en avant de l'émotion que rien n'arrête dans cet espace fabriqué à souhait par l'émotion qu'induit la parole elle-même. En revanche, la description cache soigneusement au lecteur non-averti du poème de Nonnos que le palais n'est qu'une image finement ouvragée à l'aide de citations

1 Nonnos de Panopolis, *Les Dionysiaques*, chant III, v. 126-129 : τανυσσαμένη τότε Κάδμῳ / δάκτυλον ἀντιτύποιο νοήμονα μάρτυρα φωνῆς / σιγαλέῳ κήρυκι δόμον σημήνατο Πειθὼ / ποικίλον ἀστράπτοντα· (la traduction citée *supra* est de P. Chuvin, Paris, Les Belles Lettres, 1976, t. II, p. 26). Je reviendrai sur la description elle-même (*infra*, chap. « *Epos* »).

et de figures de style qui dissimulent la nature du modèle choisi, lui-même une peinture. À l'instar de ce parfait exemple, toute description est en réalité une image qui fabrique avec des mots la visibilité d'une chose ; elle est l'image d'une image, mais précisément d'une image qui passerait inaperçue en l'absence de ce « doigt » gracieux et savant de la parole qui transgresse la différence des plans et des genres, et qui transperce aussi l'apparente intégrité des choses. La description est donc *l'image de la visibilité*, que la chose soit un objet de la réalité immédiate et perceptible de l'univers ou qu'elle soit un pur produit de la parole ; qu'à son tour la description soit ou non une citation, un *remake*, une parole dévoyée, un remploi, un *topos* du *logos* pour les fins connaisseurs de l'art de dire et de voir.

Ainsi, en montrant quelque chose, la description ne vise pas à démontrer une « vérité ontologique » à l'égard de cette chose mais à énoncer, selon des critères propres à la perception de la chose, la possibilité qu'il y ait une adéquation, donc une convergence et même une unité, mais sans identité à la clef, entre la parole et la chose en question. Or de cette adéquation résulte une forme primaire de *témoignage* et une certaine forme d'*éloge*. Résulte, en d'autres termes, une première forme de « vérité de parole » qui ne recoupe pas l'*être* de la chose ni ne permet la formulation d'une connaissance des significations, engendrant la connaissance dite « universelle » conséquente à la saisie des formes déterminantes ou des propriétés à travers les significations, mais qui fait éclore l'évidence contenant les raisons et les qualités de l'objet sans passer par une démonstration. Je qualifie cette « vérité » de la description de « vérité de parole » parce qu'elle est d'ordre stratégique dans l'ensemble du texte. Elle introduit une autre forme discursive au sein du récit sans en couper le fil, mais en faisant de son écart formel ce *témoignage* et cet *éloge* implicite qui relie la perception de la chose à la *dunamis*, à la puissance qui caractérise la nature du langage lui-même.

Cependant, le rôle de « vérité de parole » de la description, qui la situe sur le plan du témoignage, vient en premier, avant l'éloge, puisque la description agit dans la nature même du langage, à l'intérieur de son lien intime avec la perception, et non au niveau des genres et des registres de parole. La description ouvre en effet les portes de la saisie sans dire d'emblée ce qu'est la chose en elle-même, sans faire aussitôt une « performance signifiante » comme on dit de nos jours[1], dès lors que l'évidence qui en ressort signifie par elle-même la relation dans laquelle la chose est d'emblée prise, et que cette relation permet à la faculté sensible concernée de prendre acte à la fois de la chose et d'elle-même en tant qu'acte singulier de la perception. La stratégie consiste donc à relier le multiple à l'unité, le caractère particulier d'un objet et l'acte de perception, nécessairement individuel, par les modalités du langage, par ce lien commun à la connaissance du singulier et de l'universel. C'est à la suite de ce transfert depuis la multiplicité du visible à l'unicité de la vision que la « performance signifiante » peut enfin entrer en jeu pour signifier l'évidence et en laisser, le cas échéant, une trace.

Mais de cet abord, que trop vite certains qualifieraient de saisie intuitive ou de *prolepsis*, s'ensuivent également aussi bien l'absence de nécessité « naturelle » à produire une ressemblance, que la différence, immédiatement saisissable, entre un discours démonstratif autonome à l'égard de la chose, dont la démonstration se sert comme d'un argument pour une raison propre au discours lui-même, et une description qui suit l'adéquation, qui poursuit cette convergence non-identifiante entre le langage et la chose rendue visible, perceptible par les sens. Or cette convergence ne vise pas à reproduire la chose mais à la *recréer*, voire à la *créer* à la mesure exacte des possibilités de réception dont se sert aussi l'intellection. Dans ces conditions, le langage, bien qu'expression d'une puissance de création, n'a pas d'autonomie face à l'objet et doit se soumettre au pouvoir de *témoignage* dont l'objet est de lui-même pourvu lorsqu'il pénètre dans le champ de la vision. C'est ce pouvoir de *témoignage* qui fait aussi office d'*éloge*, en fixant « l'œil de la langue » sur l'objet de la description[2]. Mais le résultat de cette soumission apparente du langage à son objet ne conduit pas à créer à chaque fois une illusion. Elle conduit vers la production d'une « réalité » de l'objet adéquate au langage, une « réalité d'image » propre aux puissances spécifiques du *logos*.

---

1 B. Cassin parle de « performance signifiante » dans plusieurs de ses travaux de philosophie du langage dont « 'Hélène' Femme et *Logos* » (*op. cit.*, p. 58) où elle met en relation la philosophie du langage et la psychanalyse.

2 L'expression « l'œil de la langue » reprend ici le titre de l'Introduction à mon ouvrage *Dire et voir*, Paris, Vrin, 2008 (« Dans l'œil de la langue », p. 19-46). Entre-temps une anthologie de conférences de J. Derrida a été intitulée *Les yeux de la langue. L'abîme et le volcan* (Paris, Galilée, 2012).

LE DISPOSITIF DU TÉMOIGNAGE

Bien qu'inscrite dans le fonctionnement même du langage, cette connivence entre la description et le témoignage de l'objet mis en présence grâce aux stratégies spécifiques de l'évidence, dont se sert aussi la persuasion (comme dans l'exemple emprunté plus haut à Nonnos de Panopolis), ne s'accommode pourtant pas à tous les genres de discours ekphrastique[1]. Le discours qui crée son propre objet en le décrivant et en le mettant sous les yeux de celui qui écoute, n'a pas besoin de faire cause commune avec le témoignage, même si le récit qui intègre la description s'en sert comme d'une preuve pour un événement. Quant à l'auditeur ou au lecteur du texte, celui-ci n'est que spectateur de l'œuvre et rarement impliqué aussi comme témoin. Prendre le lecteur *à témoin* est une astuce littéraire facile dont les plus Anciens ne se servaient pas souvent. Philostrate, dans les *Eikones*, l'utilise parfois ; il s'adresse directement au lecteur en le prenant à témoin d'un tour de force prodigieux, tel un trompe-l'œil pictural particulièrement réussi que le lecteur de la description n'a évidemment pas *en vrai* sous les yeux, pas plus d'ailleurs que l'écrivain qui s'adonne à décrire ce que personne n'a jamais vu *avant lui*. Mais, le plus souvent, la rhétorique se fait discrète dans la proximité d'une *ekphrasis* même quand elle l'intègre dans ses propres exercices, comme si la description était une sorte de surgeon bâtard, faisant fond sur la vision et privilégiant les moyens visuels et les techniques de l'image au profit des arts de la parole. Le lecteur est censé prendre en compte l'œuvre sur la bonne foi de la description faite ; il peut scruter en détail les matières et les aspects, s'étonner du prodige réalisé ou s'en détourner, sans devoir s'enquérir pour autant de la réalité de la chose ni en faire témoignage, dès lors qu'il n'est pas lui-même mis en cause par l'acte de production ni, pense-t-il, concerné par un usage possible de la chose ou de sa description à ses propres fins.

1 Sur le rapport précis entre le genre rhétorique de l'*ekphrasis* et les facultés propres à réaliser l'évidence, voir le recueil d'études *Dire l'évidence*, C. Lévy et L. Pernot (éd.), Paris, L'Harmattan, 1997, et en particulier les articles de R. Webb, « Mémoire et imagination : les limites de l'*enargeia* dans la théorie rhétorique grecque » (p. 229-248) et de S. Dubel, « *Ekphrasis* et *enargeia* : la description antique comme parcours » (p. 249-264).

Il est cependant courant qu'un conteur, s'arrêtant en plein milieu d'un récit pour décrire une scène, un lieu, un objet, l'apparence d'un être, une technique de fabrication ou le déroulement d'un rituel, ménage en même temps un point de vue interne pour se dédouaner de devoir témoigner par lui-même d'autre chose que du récit qu'il conte et qui n'est forcément (voire nécessairement) pas de lui. Le conteur rapporte, transmet, *ra-conte* ce qu'il a entendu, en déclarant ne pas parler en son seul nom propre, sauf quand il suspend le récit pour une description ou pour un éloge déguisé sous les oripeaux chatoyants d'une *ekphrasis*. Donnant à voir un objet ou un lieu, il parle alors, *ipso facto*, comme s'il voyait ce qu'il dit, participant ainsi en spectateur de son propre récit. La suspension du récit n'est cependant jamais totale, car il faut encore témoigner pour le témoignant. Pour cette raison, quand il y a une description il y a aussi, le plus souvent, « quelqu'un » dans le récit qui voit la chose décrite en même temps que le lecteur, bien que ce « témoin oculaire » évoqué pour donner du champ à la vision demeure généralement silencieux dans l'intrigue du récit.

Mais ce « dispositif littéraire », propre aux usages épiques de la description, ne résout pas tout en matière de témoignage par la vue d'une chose dont on parle. Faut-il voir pour croire ou, au contraire, croire (re)connaître pour voir en effet l'être ou la chose visée par la parole ? L'histoire des deux Hélène chez Euripide (dans la pièce éponyme), et plus généralement le recours récurrent aux « doubles » assoit le « dispositif littéraire » du témoignage interne à l'œuvre dans ce rapport étroit du *logos* avec les moyens visuels et montre comment se construisent par nécessité des stratégies de langage (de figures et de discours) à même de s'approprier ou d'annihiler les pouvoirs envahissants de l'évidence que recèle le visible. Au fond, le fait que la description comme « genre » tangue entre une définition étroite qui impose que son objet soit une « œuvre d'art » et un usage commun qui associe, dans un désir glouton de détails, la description aux pratiques de plusieurs genres spécifiques aussi divers que l'éloge, le blâme, la fiche technique des symptômes d'une maladie ou du fonctionnement d'un mécanisme prodigieux, signale la persistance d'un problème : il y a, malgré les astuces du « dispositif littéraire » qui intègre des points de vue et des témoignages internes à la mise en scène d'un « produit visuel », une difficulté, longuement éprouvée par celui qui écoute ou qui lit, de prendre les mots *aux mots*.

D'où la nécessité du témoignage et le jeu indécis de la description sur la capacité des paroles à produire du visible concurrentiel et à faire voir des images que les yeux ne pourraient jamais saisir en réalité. Les mots ne se réduisent pas à des mots, ni un discours à une construction de phrases, même quand ils inventent de toutes pièces leur objet. Or le propre de la description est de constituer le lieu où le langage, en faisant déborder des mots ce qui est dit *avec art*, prend en même temps ce décloisonnement pour son acte même d'identité : *il est tout ce qu'il n'est pas*. Le langage s'identifie alors à cette distance qu'il prend à l'égard de tout afin de pouvoir faire acte de pur langage : décrire et faire être par les mots ce que les mots ne sont guère. C'est pourquoi *avec art* on peut tout dire, et même « plaider la cause du loup » comme dit un proverbe cité par Socrate. Le risque, dénoncé lui aussi par Socrate, est de rester prisonnier de l'inconsistance des mots jusqu'à mourir de faim et de soif[1].

Les effets de la description entrent donc en résonance avec le jeu de la preuve et du témoignage, « dispositif » essentiel dans un texte épique. Le but est double : tenir sous contrôle le penchant mimétique qui accompagne la vision et construire en même temps une réalité dans laquelle contraintes causales ou lois naturelles soient toutes soumises à la technique qui produit cette réalité, jusqu'au renversement total de l'ordre immanent par la prééminence d'un art devenu plus parfait que nature. Autrement dit, faire voir de manière sensible ce qui par nature ne peut pas exister, et en témoigner, de surcroît, émerveillé par cette vision. Amorcé dans le modèle homérique de la description par l'entrelacement de récit et de témoignage de la divine Thétis qui commande la fabrication du bouclier[2], ce jeu se renforce dans les reprises épiques et rhétoriques de l'Antiquité tardive jusqu'à l'inversion du rapport entre nature et art. Il en est alors des mots d'une description comme des agneaux les plus hardis qui voudraient en gambadant sauter au dehors de l'améthyste d'une bague dans laquelle le tailleur de pierres fines les a enchâssés, en les gravant en mouvement comme s'ils étaient vivants

1 Les allusions sont évidemment au *Phèdre* et au mythe des cigales.

2 *Iliade*, chant XVIII, v. 368-617. Le récit de Thétis (v. 428-467) se situe en amont de la description proprement dite du décor du bouclier, et il se déroule à l'intérieur de la demeure d'Héphaïstos et de Charis, décrite en contre-point du récit de la mère d'Achille qui justifie la demande faite au forgeron. Voir *infra* (*Cahier I*), des extraits de cette partie finale du chant XVIII.

bien que prisonniers d'un artificiel enclos d'or[1]. Je reviendrai sur cette description d'orfèvrerie bien-connue du roman d'Héliodore où le vivant est prisonnier et l'art libère, comme le phénoménal est prisonnier de son identité et n'a pas d'évidence tant que l'art du discours ne l'a pas libéré en le mettant au monde littéralement. Rappelons pour l'instant que la description de la bague de Chariclée, dans les *Éthiopiques*, fait partie d'une série rocambolesque de renversements entre l'illusion de l'évidence à travers le récit des faits et la description « réaliste » des objets les plus fantasques, renversements construits sur le procédé classique du dédoublement dans un roman dont le point de départ est en effet une histoire de *double* insinué dans le rapport naturel entre la conception et l'enfantement de la jeune héroïne[2].

Si décrire consiste à concevoir de toutes pièces à la fois un objet et son évidence en tant qu'objet visuel, cette évidence déclenche à son tour un processus qui associe plusieurs types de paroles à la parole de départ, strictement ekphrastique. Ainsi, énoncer les aspects en mettant au clair les données visuelles comme si la parole agissait à la manière d'un pinceau de peintre, des ciseaux d'un tailleur de pierre ou du marteau d'un forgeron, déclenche la vision et libère les mots en tirant jusqu'au bout le fil de ce que ceux-ci peuvent révéler d'emblée, sortant comme par magie le texte de son abstraction et de sa séquentialité temporelle. Comme la vue soudaine d'une image, l'effet de la description se produit d'un seul coup, même si la parole doit parcourir un espace pour recueillir toutes les données nécessaires à l'achèvement du « tableau ». Puis, sur cette apparition immédiate, d'autres paroles reviennent à la charge, retournant sur les mêmes lieux décrits et décalant à chaque reprise le point de vue. Il ne s'agit alors plus de voir mais, au contraire, de quitter la fascination pour raconter une histoire en guise de témoignage et, le cas échéant, de paraphraser ou commenter ce qui vient d'être fabriqué par les mots ; s'ouvrent ainsi, de l'intérieur même du texte, les vannes

1 *Les Éthiopiques*, Liv. V, XIV, 4. Description d'une scène pastorale gravée dans la pierre fine d'une bague : « Les plus âgés [les agneaux premiers-nés] et les plus hardis semblaient vouloir sauter en dehors de l'améthyste, mais il en étaient empêchés par le chaton, barrière d'or dont l'artiste avait entouré le troupeau et la pierre. Pierre véritable et non pas figurée (ἡ δὲ ἦν πέτρα τῷ ὄντι καὶ οὐχὶ μίμημα). » (trad. J. Maillon, Paris, Les Belles Lettres, tome II, 1960[2], p. 54).

2 Chariclée, l'héroïne principale du roman, est à la fois fille naturelle de la reine d'Éthiopie et double d'une « déesse », d'une héroïne mythologique. Voir *infra* chap. « *Epos* ».

de l'interprétation. Mais au bout du scénario ekphrastique demeure l'accord entre la description et le dispositif du témoignage pour faire foi et distinguer les deux illusions épiques qui se confrontent : la réalité fournie par le témoin et celle créée de toutes pièces pour l'auditeur ou le lecteur du conte ou du discours. L'expérience de la description oblige ainsi les mots à aller au-delà d'eux-mêmes en faisant reconnaître au lecteur que même dans la proximité la plus immédiate de la perception il se passe toujours quelque chose que les mots ne peuvent ni contenir ni maîtriser, mais qu'ils donnent tout simplement à voir pour juger *sur pièce*, c'est-à-dire *sur* ce qu'ils ne sont pas eux-mêmes. Que ceux qui ont le regard aguerri comprennent alors ce qui se passe dans le silence qui entoure chaque mot de son blanc de souffle inarticulé !

MIMÊSIS ET *EKPHRASIS*

Dans ces conditions l'imitation n'est pas, comme on serait tenté de le penser, l'alliée première et naturelle de la description mais s'avère être plutôt son adversaire intime, son ennemi de l'intérieur. Et si la description prend dans certains cas l'œuvre d'art pour objet spécifique, c'est précisément pour déjouer la *mimêsis* sur son terrain et l'évacuer de son territoire de prédilection en dénonçant par ce biais des périls beaucoup plus grands que la méprise des oiseaux sur une grappe de faux raisins. Plus exactement, la description focalise l'attention non sur l'artifice d'une œuvre, comme l'imitation, mais sur le terrain de la nature, là où s'affrontent sans répits et sans merci l'unicité monadique de chaque mot avec la multiplicité protéique des choses. En outre, la description, quand elle prend pour objet une œuvre ou un artefact, se confronte toujours à la production, à l'engendrement ou à la fabrication de la réalité immanente de la chose. Dans une *ekphrasis* la parole s'affronte précisément à la production comme pour en saisir les secrets, en détournant ainsi de leur objectif les moyens de la *mimêsis* dont le but est au contraire de dissimuler la fabrication, de rendre invisible le processus qui permet à une chose à la fois d'être *tout court* et d'être *comme* elle est. Or la description, cherchant le contraire de la *mimêsis*, voudrait saisir au plus intime les techniques et les secrets de production, qu'il s'agisse de la démiurgie des œuvres ou de l'engendrement, de la fabrique incessante du vivant et du visible par nature. L'*ekphrasis* ne copie pas les aspects mais vise, secrètement, à faire rivaliser le *logos* avec le démiurge qui produit l'œuvre décrite. Aussi est-elle plus souvent sous l'emprise du forgeron mythique qu'à l'écoute des Muses. Et pour toucher à ces fins, la description agit par des changements de points de vue et par des modifications d'échelle qui dépassent le cadre d'une œuvre conjoncturelle bien déterminée. Elle agit, plus précisément dit, par les voies de la perception afin de saisir à même leurs effets les principes et les moyens de production. Est-ce pour avoir sur l'objet une maîtrise concurrentielle avec celle de son producteur ? Ou pour avoir, au contraire, le contrôle sur la meilleure des perceptions, puisqu'en réalité c'est cette dernière qui engendre la connaissance et donc l'existence comme telle de la chose elle-même, au-delà de son identité fermée sur son inconnaissable essence et sur sa tautologie phénoménologique ?

En réalité, c'est bien avec la « nature », dans un face à face avec le fondement de la réalité immanente des choses, que la parole, ployée sous la description, aimerait en découdre. C'est donc la « nature », en tant que fondement et substrat de ce qui est, et plus spécifiquement le « vivant », que la description cherche à circonscrire et à maîtriser au profit du *logos*. Que faut-il entendre au juste par « nature » dans ce contexte ? L'objet de la description ne s'identifie pas à l'objet naturel ou artificiel décrit. La description épouse bel et bien les moyens de la perception pour fabriquer son objet spécifique : l'évidence de ce qui se tient sous les yeux, en vrai ou par illusion. Sous la description d'un objet ou d'un être la parole cherche donc l'union avec les facultés sensitives de l'âme, cherche au fond à rester vivante, afin d'engendrer, par cette union, son propre objet. Cet objet n'est pas la copie d'une réalité naturelle ou fabriquée, mais il est autonome et comporte une puissance provenant exclusivement du langage, une puissance qui se mesure à la capacité d'actualiser la perception sensitive et l'intellection dans le lecteur du texte descriptif. Cet objet est enlevé à sa condition matérielle, objective, et, par une description minutieuse de la technique de production et des matériaux utilisés, c'est la parole qui prend la place de la condition matérielle de l'objet et devient comme une « seconde nature » de celui-ci. Si tel est le cas, alors la parole ekphrastique, confrontée aux facultés de l'homme et à la production naturelle ou artificielle, n'a aucune raison de se soumettre à la mimétique. La description cherche, au contraire, à échapper à tout prix à la solution de vraisemblance assurée par cet artifice pour se confronter à ce qui dans la réalité immanente des choses décrites tient du vrai ou du faux dans l'engendrement ou dans la production. En d'autres termes, la description, qui à la fois indique et tire une expression explicite de l'évidence crue, non de l'art de produire l'illusion d'une évidence, inscrit sa démarche entre ce que *montrent* et ce que *sont* ou *font* les choses elles-mêmes lorsqu'elles interagissent avec les facultés sensitives et intellectives de l'homme. La description montre la *mimêsis* lorsqu'elle a affaire à des objets spécifiques (peintures en trompe-l'œil ou automates), mais elle-même n'en produit pas. On qualifierait sa démarche d'analytique non de mimétique, car l'imitation volontaire, ainsi que les moyens pour opérer des substitutions ou des métamorphoses, suivies par la méprise conséquente à la fabrique des ressemblances, constituent précisément l'objet de l'analyse descriptive et non le moyen propre d'expression d'une *ekphrasis*.

La *mimêsis*, but supposé de certaines œuvres de l'art le plus accompli dans son genre, n'est donc pas aussi la finalité de la description réussie de cet art. L'imitation, dans ces conditions, n'a que la fonction d'un sauf-conduit qui permet au langage de cheminer vers le lieu intime de l'écoute et de l'intellection. Mais son mandat s'arrête là, car, une fois éclose, la parole a besoin d'autres moyens de mise en œuvre pour se mesurer aux pouvoirs de la *phusis* ou d'un démiurge de fabriquer des réalités qui médusent par leurs aspects les facultés de l'esprit. L'intérêt d'arriver à créer quelque chose avec des mots comme si cette chose était « vraie » n'est donc pas pour s'y complaire : pour faire rivaliser entre eux les arts et s'enticher du jeu au point de le préférer à la connaissance de l'objet. Le rôle de la description serait plutôt de dénoncer les périls pour l'intellect, d'en esquisser les possibilités de défense et d'ouvrir la porte du jugement à partir des actes, des fonctions, des propriétés et des faits qui, une fois décrits, permettent d'avoir en échange une connaissance aussi précise que possible de l'identité d'un être, d'un lieu ou d'un objet. C'est peut-être pour cette raison que le premier objet décrit se trouve être un bouclier, une arme de défense, et que ce bouclier comporte une représentation du monde conçue en contrepoint de la narration de l'ensemble, comme si le narrateur voulait défendre ainsi le monde par une œuvre *contre* les malheurs de la guerre, « le dérober – comme dit Héphaïstos en parlant d'Achille – au trépas douloureux, quand l'affreux destin l'atteindra (αἲ γάρ μιν θανάτοιο δυσηχέος ὧδε δυναίμην / νόσφιν ἀποκρύψαι, ὅτε μιν μόρος αἰνὸς ἱκάνοι)[1] ». Mais au-delà de cette coïncidence inaugurale entre la technique divine de fabrication et de décoration d'un bouclier-monde et la technique langagière de la description, conjecture soumise aux aléas de la conservation des textes, on peut être sûr au moins d'une raison stratégique à l'égard du *logos* pour laquelle la description (appelée *ekphrasis* plus tard) se distingue d'emblée de la *mimêsis*.

Le premier et le véritable partenaire de la description est en réalité le récit, non l'imitation picturale ni *a fortiori* le théâtre, car c'est en œuvrant au sein du récit que la description, en produisant des failles ou des suspensions et des bouleversements de grandeur et de perspective conséquentes à son principe d'emboîtement, peut renverser le pouvoir d'adhésion suscité d'emblée par tout aspect, qu'il soit naturel ou artificiellement créé. Pour cette raison aussi la description travaille nécessairement avec des images, ou plus exactement avec l'image comme une sorte d'altérité, de partenaire « féminine » du *logos* : elle est son miroir, son ombre, son double comme gage d'irréductibilité à l'identité avec la chose ou avec le son des mots. Car les mots, s'ils ne sont pris que pour des mots, participent de cette même capacité d'engourdissement que l'aspect infiniment chatoyant et immaîtrisable des réalités et des phénomènes de la *phusis* qui aveuglent un regard non-aguerri, aussi incapable de distinguer entre les apparences, les êtres et les fonctions que de s'exercer à la contemplation. Or, comme la contemplation, la description fait partie des exercices de la science et de l'intellection, non des actes de production qu'elle décrit au point de faire par le verbe illusion de démiurgie.

En somme, pour ne pas reproduire, ne pas créer un monde parallèle comme un chant de cigales, mimes des Muses, le langage se doit de fabriquer des contrepoisons à l'égard de l'illusion de ses propres pouvoirs ; des contrepoisons qui se mesurent ainsi aux désirs d'autonomie du langage, à la tentation de ne rien vouloir obtenir en dehors de la perfection accomplie de l'art de tout dire, sans discernement. La

1 *Iliade*, chant XVIII, v. 464-465 (toutes les traductions d'Homère citées sont de. P. Mazon, dans l'édition Paris, Les Belles Lettres, 1946).

description est bien l'un de ces contrepoisons, le premier peut-être que l'écrivain s'invente comme un bouclier face aux dangers de son propre art ; un contrepoison nécessairement plus puissant, s'il réussit, que ce *pharmakon* qu'est le langage lui-même identifié au pouvoir des mots, un pouvoir aussi imminent que le désir qui engendre la guerre, mais en même temps un pouvoir paradoxal, car impuissant, ne produisant qu'un vent de folie s'il n'arrive pas à engendrer *en différé* ce qui est précisément différent de lui. En clair, s'il n'engendre pas ce que lui-même n'est pas mais que le langage, maîtrisé avec art, peut néanmoins donner, à savoir : le pouvoir de sortir le vivant de la confrontation des contraires, même si le destin n'en sera jamais empêché.

ON-ZÔION

Faire voir ce qui est déjà : le donné *se réalise dans l'œuvre et celle-ci, en échange, éclaire le* donné *en rendant son cœur transparent. La description comme art de vie.*

LA DESCRIPTION-BOUCLIER

Un dieu imparfait et malaimé serait à l'origine de l'acte double de la création et de la description. Ce dieu, fils de dieux, crée dans sa sagesse (πραπίδεσσιν)[1] quelque chose de parfait et de merveilleux qui suspend le cours des événements, arrête le temps et appelle la description en guise de témoignage. On pourrait dire que, dans sa sagesse féconde et dans son pouvoir aguerri de production, Héphaïstos arrive à créer aussi un moyen de parfaire par sa description l'acte de production d'un objet – à créer ou du moins à induire l'*idée* que le produit particulier d'un artisan ne se réalise que par l'évidence que l'artisan sait ou ne sait pas donner à son ouvrage, afin que la perfection de celui-ci ne se réduise pas à l'utilité immanente de l'objet. Bien sûr, la description est un art du langage tandis qu'Héphaïstos manie le marteau, l'enclume et les soufflets, en somme les métaux et le feu, non les moyens du *logos*, les sons, les mots et la grammaire. Mais, à force de produire des parures de temples, de dieux et de héros, ce dieu de la laideur apparente qui partage son toit avec le beau, finit non pas par décrire lui-même son ouvrage mais par déterminer à travers celui-ci les conditions de possibilité pour qu'une *poiêsis* s'auto-transcende par la perfection de ce qu'elle produit. Ces conditions exigent l'association

1 Les occurrences de ce mot sont nombreuses dans l'*Iliade* ; ici, dans le contexte qui nous intéresse, il apparaît aussi bien quand le dieu forgeron est décrit à sa tâche à l'arrivée de Thétis (chant XVIII, v. 380), que lorsqu'il commence à réaliser pour le fils de Thétis le bouclier et son décor (chant XVIII, v. 482).

parfaite entre une structure formelle savante qui travaille l'esprit de l'artisan jusqu'à ce qu'elle s'actualise dans un alliage précieux de formes et de matières idoines, et le désir (*thumos*) qui provoque et anime cette rencontre, en en faisant une relation d'union à chaque fois unique entre le concept (*eidos*, *noêma*) et la puissance (*dunamis*) de mener à terme l'acte de création. Non sans la peine requise (*ponêma*), la forme rejoint et ordonne la matière choisie pour rendre féconde cette union à chaque fois singulière et spécifique.

Anticipant la demande de Thétis, le divin boiteux définit ainsi l'acte et l'objet de la réalisation qu'il allait entreprendre : « mon cœur me pousse à le faire, si c'est chose que je puisse faire et qui se soit faite déjà (τελέσαι δέ με θυμὸς ἄνωγεν, εἰ δύναμαι τελέσαι γε καὶ εἰ τετελεσμένον ἐστί)[1]. » Rien de nouveau ne viendra ainsi au monde, rien qui ne fût déjà, car c'est l'unité parfaite entre l'acte et la puissance, exprimée par la rencontre de l'actif et du passif, qui conditionne la possibilité qu'une chose soit faite par un homme comme par un dieu créateur. Cependant, ce qui est ainsi produit est unique et, en l'occurrence, digne d'émerveillement (*thaumasios*). Le terme de cet acte n'est alors pas l'objet produit, lequel reproduit une forme et un geste, mais sa description qui déploie raisons et effets de l'étonnement devant le caractère unique de la chose. Comme le langage fabrique par la description un objet visuel qui à la fois maîtrise le pouvoir d'expression et transcende la faiblesse foncière du *logos*, ainsi l'art du forgeron fabrique son propre dépassement en créant un objet qui transcende par son décor les exigences de son usage immédiat. La perfection de l'art et la beauté deviennent alors une forme sublimée de protection, à même de suspendre non pas la confrontation et le destin individuel, mais l'oubli universel et l'effacement radical de l'être. L'art de faire produit un bouclier pour défendre la vie du héros, tandis que la description anime l'objet, donne vie à l'alliance des formes et des métaux, en montrant dans leur éclat l'inscription d'un autre art divin.

Ce dieu paradoxal puisqu'imparfait, imparfait puisque simultanément créateur et ouvrier effectif de sa création, puisqu'en même temps il pense et réalise son projet, ce dieu boiteux n'arrête donc pas son travail avant de parfaire sa création par un retour sur elle-même. À terme, non seulement il réalise lui-même son ouvrage, mais assure

1 *Iliade*, chant XVIII, v. 426-427.

aussi les conditions de sa saisie par reflet interposé. L'ouvrage suscite, simultanément avec la création, la nécessité conséquente d'une image de sa création, image qui vient prendre place dans ce qui accompagne au plus près la création, le langage, lui-même image de la pensée. Pourquoi cette image est-elle la conséquence *sine qua non* de l'ouvrage d'Héphaïstos, conséquence inscrite dans son statut même d'œuvre ? Pour deux raisons qui s'appuient mutuellement : donner à voir l'ouvrage signifie à la fois réaliser sa forme et voir l'œuvre s'animer, la voir vivre au-delà de sa fonction. Tel qu'il est décrit, le bouclier est en effet un objet « vivant », un objet « engendré » aussi bien à l'encontre des ennemis d'Achille, que pour le lecteur du récit – même si, comme tel, aucun objet n'a, pareil à l'être, une âme en lui.

Démiurge, artisan doué dans tous les métiers, et en particulier producteur astucieux de parures divines, à l'instar d'un démiurge du cosmos, ce dieu est pourtant un dieu boiteux qui vit dans les ténèbres éclairées par les fourneaux, bien que sa demeure soit étoilée, impérissable et éclatante comme le bronze dont elle est faite[1]. Héphaïstos est en effet un dieu « du bas », non « du haut » ; il commence par habiter le ventre de la terre et de la mer, avant de rejoindre la sphère céleste et la lumière qui baigne la résidence olympienne de ses parents. En outre, bien que tout ce qu'il produit soit parfait, lui-même claudique et se déplace avec peine, incapable de manifester sa nature divine en traversant tel un éclair les espaces. Ses pieds bots l'empêchent de se tenir droit et de marcher, comme les dieux, vite et léger[2]. Il a en revanche la capacité de

1 *Ibid.* v. 370-371.

2 Une étonnante insistance sur les *pieds* marque la rencontre entre Thétis, au « pieds d'argent (ἀργυρόπεζα) », et Héphaïstos, « le boiteux (κυλλοποδίων) », surpris en train de parfaire la fabrication des trépieds (τρίποδας) pour la salle de l'assemblée des dieux (*ibid.*, v. 369-377). Ce sont d'ailleurs ces trépieds, montés sur roulettes et qui se déplacent donc facilement, se mouvant comme d'eux-mêmes, dit le texte, qui reçoivent, les premiers dans le contexte de l'épisode de la fabrication des armes d'Achille, le qualificatif de merveilleux (θαῦμα). Les pieds et le déplacement apparaissent ici comme les marqueurs du vivant, ce qui se meut par soi-même et qui, en outre, se meut hors du temps pour ce qui est des dieux, dont le voyage est comparé à l'éclair ou au vol du faucon. La supériorité du héros se mesure aussi à la rapidité du mouvement ; Achille lui-même est appelé « aux pieds rapides (πόδας ταχύ) », et cette appellation (v. 358) résonne dans ce contexte. Quelques vers plus loin Homère revient au « défaut » natif d'Héphaïstos, en décrivant ses pieds grêles qui rendent sa démarche claudicante et difficile. Le divin boiteux se sert de béquilles, « servantes » qui ressemblent à des jeunes vivantes bien qu'elles soient en or. Mais ce n'est plus le déplacement ni l'aspect qui rend ces béquilles en or semblables

mettre dans ses œuvres tout ce qui manque à son être : la perfection, l'ornement, le beau, et de récupérer ainsi le bénéfice de ce pouvoir de création en se substituant à ses œuvres pour se faire admirer à son tour. Mais de quoi son défaut est-il tout de même le signe ? Le dieu, mettant la main à la pâte, acquiescerait-il à la claudication instantanée et sans fin de l'imparfait, le temps sans détermination immanente, qui ne s'appuie sur rien comme tout commencement ? Il y aurait alors un lien entre la création et l'aoriste, le temps propre du récit, le temporel s'immisçant dans l'ordre parfait et finissant par prendre la place de la belle éternité divine. Ou, peut-être, la claudication, manifestant un déséquilibre structurel, assortie à l'enfermement propre au travail de fabricant, serait-elle le signe de reconnaissance de tout exercice accompli d'un art, fût-il d'un dieu au service des dieux querelleurs ou des humains. Et si c'est bien un dieu qui s'exerce à l'art de la fabrication comme à un moyen d'enfreindre, autant que faire se peut, les lois de la nature auxquelles les dieux eux-mêmes semblent devoir se plier, cet art marquerait alors son travailleur d'un défaut mineur mais bien visible, comme d'un signe de reconnaissance nécessaire à l'identité des êtres qui enjambent, ici et là, les frontières des règnes. Homme ou dieu « de naissance », l'artisan est, quoi qu'il en soit, une sorte de dieu, et c'est à la manière des dieux qu'il est, lui aussi, soumis à la loi de la nature universelle, la loi à laquelle obéissent l'étant et le vivant, même si l'artisan fait des « merveilles », invente des automates, ruse avec le vrai ou le réel et tente de renverser, ou du moins de retarder, la fatalité dans le cours apparent des choses. C'est peut-être bien la connaissance de ce principe, propre à l'art, que la mère « naturelle » de l'artisan, Héra, n'avait pas accepté en rejetant l'idée d'un « fils » dissemblable à la perfection divine bien que « fils naturel » des dieux. Principe que Thétis, au contraire, a mis en acte lorsqu'en recueillant et en cachant l'enfant d'Héra, elle lui donna la possibilité de réaliser les premiers *daidalmata* d'un dieu ouvrier.

Héphaïstos, forgeron des dieux mais aussi des héros, car les plus preux parmi les humains sont eux aussi des êtres divins, fabrique pour l'un de ces derniers un objet de spectacle, de surprise, d'étonnement,

---

à des vivants, mais la raison qui est dans leur cœur (νόος ἐστι μετὰ φρεσίν), la voix, la force et la connaissance du travail, de la production savante des choses, ἔργα (v. 410-420). Bien sûr, les pieds, la voix, la possibilité de produire des choses merveilleuses et la rapidité avec laquelle les êtres se déplacent font référence de manière précise à l'art du poète, art ainsi décrit à son tour.

d'impression[1]. Incapable de produire dans ce cas particulier une arme de défense efficace, il fabrique une arme merveilleuse mais pour une fin différente de son utilité immédiate. Il répond ainsi, divinement reconnaissant, à la demande de Thétis, puisqu'en exauçant la demande il montre de surcroît ce dont l'art est capable : maîtriser l'immaîtrisable conflit tragique des opposés en intégrant chacune des identités qui les sous-tend à un discours universel qui surpasse le caractère ponctuel et transitoire de toute demande immanente, fût-elle d'une mère aussi divine que celle d'Achille et en outre de lui-même, par adoption. S'il ne révoque pas ni n'infléchit le destin du héros, Héphaïstos indique néanmoins, à travers son ouvrage brillant comme la lune, la possibilité que la fin de l'histoire ne soit pas celle montrée par le corps étendu sans vie dans la poussière d'une bataille. Homère oblige ainsi Héphaïstos à répondre à Thétis par le seul moyen dont un dieu dispose, selon le poète, pour subvenir aux requêtes des humains : produire un modèle d'unité entre l'ornement et le savoir de la nature, modèle inscrit dans la structure et dans l'aspect d'un objet nécessairement *parfait* dans les mots qui le décrivent et tout aussi nécessairement *unique* comme objet, bien qu'il soit, comme produit, une image de ce qui, hors du temps, fut déjà fait.

Comme tel l'ouvrage d'Héphaïstos est cependant unique parce qu'à la différence de tous les boucliers qui ont déjà été réalisés mais dont personne n'a témoigné, celui-ci associe sciemment à l'art du mélange l'art de produire un reflet comme témoin. Le bouclier qui résulte de la double maîtrise de l'art des métaux et de l'art de la représentation, fait tout ce qui incombe à sa perfection technique et à sa beauté étrange : il associe les entrailles de la terre et l'apparence chatoyante des surfaces, suscite l'admiration pour son éclat et la crainte d'un pouvoir secret transmis à celui qui l'empoigne par cet effet de lumière forte et soudaine. Mais, aussi « divin » soit-il, ni le forgeron ni son ouvrage ne peut s'immiscer dans le cours de la vie du guerrier. Objet paradoxal,

1 *Iliade*, chant XVIII, v. 462-617. Il va de soi, s'il est permis de répéter une mise en garde du lecteur, que l'évocation de ce passage fondateur de la description ne prétend pas à une analyse ou à une interprétation du texte homérique. Je focalise l'attention en ciblant quelques aspects qui peuvent servir d'appui pour comprendre les enjeux de la littérature du genre, telle qu'elle est pratiquée dans certaines œuvres de l'Antiquité tardive se réclamant explicitement ou implicitement de cet archétype de la description. Rappelons aussi que les passages sur lesquels s'appuie cette démarche sont cités *infra* en *Cahier I*, selon la structure thématique de cette brève analyse.

le bouclier est censé protéger Achille alors même qu'il ne peut pas le défendre, n'ayant pas le pouvoir de détourner de son chemin ce qui doit advenir à l'homme au cours de son destin individuel. En termes épiques, le bouclier ne défend pas son héros de la mort puisque le destin d'Achille doit s'accomplir et que même ses dieux protecteurs n'en sont pas « maîtres à bord » et ils le savent. Cependant, tout impuissant qu'il soit d'accomplir sa fonction de bouclier, l'ouvrage du forgeron, comme l'œuvre d'Homère, magnifie l'unicité du héros. Comme indifférent à sa mort, le bouclier l'auréole d'un éclat qui demeure alors que l'âme du héros allait s'effacer, se dérober aux yeux des siens lorsque la lumière de la vie quittera à jamais le corps d'Achille. Ni le divin Héphaïstos ni son art n'y peuvent rien ; c'est nature et destin qui gouvernent ensemble le règne des humains. Le divin agit cependant par son art : il produit une « impression » singulière, frappe et émerveille par un ultime prodige du preux donné en héritage. D'un Achille mort naît ainsi le « héros » par la louange inscrite dans le récit et par l'objet qui le reflète et qui intègre la structure épique dans la structure cosmique, comme le destin individuel emprunte instantanément au récit le caractère universel du *logos*. Homère dévoile ainsi, *en différé*, le but de son propre art : magnifier, en intégrant le destin de ses héros à un ouvrage divin assigné par la tradition à sa déesse, Athéna.

Grâce au forgeron bot, le poète aveugle crée donc la première « image » qui rend visible le monde depuis l'intérieur vivant de sa nature et de ses lois. Une « image » qui pénètre et qui rend visible, telle une radiographie, non les aspects (cela ferait double emploi), ni des représentations (car cette image ne prétend pas tenir un discours), mais le mécanisme intime de la création qui assure la vie de l'existant. La mécanique comme art du mouvement vital, le mélange des matières et le décor forment ensemble une image « de synthèse » (comme on dit de nos jours) de l'être animé. C'est donc le « laboratoire » du monde vivant que le bouclier rend en effet visible et qu'il présente, sublimé dans sa fabrication et dans son déploiement, comme si on voyait le monde vivant à travers les entrailles palpitantes, lentement écartelé pendant la durée de son organisme, au long du processus qui va de la naissance à la mort de l'être qui a vécu et perçu ce monde. La création du bouclier est en effet présentée comme un engendrement du vivant dans sa dimension à la fois cosmique et singulière. Il s'ensuit que le sens donné au monde apparaît ainsi non dans ses productions ni à travers la propriété commune exprimée par la synonymie vivant-visible sur laquelle fait fond l'expérience, mais que seule fait sens la possibilité de re-produire la divine mécanique du vivant à travers des vers et des images qui décrivent le monde à la mesure exacte de l'expérience perceptive et de l'intellection. Or cette condition de possibilité est inscrite à même la nature du vivant ; elle relève, plus précisément, de la nature à la fois auto-générative et réflexive du monde. C'est de cette dernière, de cette nature intime du monde, que le bouclier donne l'image, et c'est aussi cette nature vivante que le bouclier est censé protéger par son alliage subtil de métaux. Sa visibilité métallique lunaire en est le signe, et son éloge l'est également à travers toutes les représentations animées. Tant que le monde est vivant, il peut par conséquent être saisi et réfléchi par la scansion d'une parole qui fait sens tout au long du poème et qui donne à voir en même temps ce sens, cet ordre et son désastre sublime, j'entends : la finalité immanente dépassée par le pouvoir rémanent du poème enjambant le destin tragique de l'homme individuel.

La description accomplit ainsi l'ouvrage d'Héphaïstos ; l'accomplit en le mettant au monde, en le faisant exister, à proprement parler. Elle produit en outre le sens que cet ouvrage ne peut pas dévoiler de lui-même, d'emblée, et qui est fondateur pour lui puisque sans la description l'objet ne serait ni vu ni connu, comme si, enfermé dans son unicité parfaite et dans son étrangeté exemplaire, le bouclier était pour nous tout aussi inopérant qu'il s'avère inefficace pour sauver la vie du guerrier qui le porte dans la bataille. De fait, c'est l'œuvre d'Homère que la description du bouclier accomplit, comme si le poème ne pouvait pas « exister » vraiment, ne pouvait pas être saisi sans le « miroir du monde » réalisé par le divin forgeron boiteux[1]. La description, lunaire, montre alors

1 Souvent ce sont les échos tardifs qui aident à comprendre, par leur réception et leur usage, le sens des thèmes et des figures dans les *topoi* fondateurs. Ainsi trouve-t-on cette idée que la description est le véritable aboutissement de l'ouvrage d'un démiurge, fût-il un fabricateur divin ou humain, chez Paul le Silentiaire qui décrit en hexamètres homériques la construction de l'église Sainte-Sophie de Constantinople et de son ambon. L'officier de la cour de Justinien affirme à l'égard de sa description l'attachement au modèle homérique (Καὶ τίς ἐριγδούποισι χανὼν στομάτεσσιν Ὁμήρου μαρμαρέους λειμῶνας…, *Ekphrasis de Sainte-Sophie*, v. 617-618), car Paul fait partie de ces intellectuels byzantins qui prônent le retour aux lettres classiques de l'hellénisme, et en même temps il se considère *sundemiourgos* avec Justinien du chef-d'œuvre architectural, car sans son poème l'église ne serait pas parfaite. L'église de Justinien ne serait pas tout à fait ce qu'elle est sans sa description

l'ouvrage, lui donne son sens de reproduction de la divine mécanique cosmique et achève ainsi le travail de l'artisan du feu, des métaux et de la terre en même temps que le travail des sons et des mots à travers le récit composé par l'artisan du *logos*. L'ouvrage qui apparaît n'est pas une copie du monde, pas plus qu'une représentation vraisemblable (*eikos*), mais la modalité à la fois animée et paradoxalement artificielle sous laquelle le vivant prend acte de lui-même en se révélant aux autres vivants par des actes propres et par des paroles adressées, même quand il est dit que c'est un dieu qui parle à travers lui[1]. L'ouvrage a donc besoin de sa description comme d'un doigt qui tâte, qui indique le sens et qui permet de reconnaître dans les traits et dans le mouvement qui se déploie de manière épique l'identité précise de tout se qui s'y passe à l'instant même où cela se passe. Le bouclier, comme un miroir, à la fois révèle et met à distance. Héphaïstos et Homère font donc œuvre ensemble, tout comme Athéna, habitante de la tête du poète, selon Christodoros, est

---

rythmée, parce que le poète, par son verbe (*tous logous*), « collabore avec le souverain à façonner le temple du Verbe » (συνδημιουργεῖν τὸν νεὼν τὸν τοῦ λόγου, *Ambon*, v. 6, en écho avec ἐδημιούργει, *Église*, v. 117, et avec τοῦτο γὰρ τοῖς σοῖς λόγοις ποιεῖς, *Église*, v. 4-5). Cette articulation déterminante entre le *logos* et les puissances créatrices et fabricatrices apparaît autant dans la description de l'ambon que dans celle de l'église entière, aussi bien dans les prologues que dans le déroulement du rituel de la consécration. Certes, il s'agit dans ce contexte d'un jeu sur le terme unique de *logos* qui désigne pour le Byzantin le Fils et la parole de Dieu, l'engendrement et la transmission du contenu de la foi ; mais, au-delà de cette allusion théologique, Paul reprend à l'évidence l'idée de l'achèvement de tout ouvrage par le *logos* qui le dévoile à la connaissance, justification à la fois première et ultime de la description. Pour les textes de Paul le Silentiaire : *Description de Sainte-Sophie de Constantinople*, éd., trad. fr. et introd. M.-C. Fayant et P. Chuvin, Die, éditions À Die, 1997. Précisons, par ailleurs, que l'expression « miroir du monde » (*speculum mundi*) que j'ai utilisée dans le texte est empruntée à des usages médiévaux de cette pratique de la description dans des œuvres didactiques ou romanesques.

1 Dans l'*Iliade* le jeu de substitution fréquent entre voir un dieu sous l'effrayante beauté du guerrier et entendre la voix d'un dieu en se laissant saisir par les mots d'un discours, donne lieu à des métaphores qui seront elles-aussi reprises par les auteurs de l'époque hellénistique et tardive. La plus connues de ces métaphores est celle des mots qui tombent comme « flocons de neige » – métaphore de la manifestation de Zeus en même temps que métaphore de la puissance de l'éloquence assignée à celui qui a la capacité de se manifester comme individu, tel Ulysse (voir par exemple *Iliade*, chant III, v. 221-224 ou 278-280). Sur l'usage tardif de cette image homérique des flocons de neige en rapport avec le pouvoir de l'éloquence (comparée à une tempête de neige) et comme expression d'une certaine forme de mise en acte du pouvoir de la pensée chez Quintilien, Porphyre et Héliodore, voir l'appendice de l'article de L. Pernot, « La concentration intellectuelle de Plotin (Porph., *Vit. Plot.* 8) », *Revue des études grecques*, t. 125, janv.-juillet 2012 (Paris, Les Belles Lettres), p. 131-157 (cit. 155-157).

l'industrieuse déesse qui a tissé le grand récit mis en vers par l'artisan des hexamètres. Personne n'est maître absolu à bord : à la fois maître de la vie, maître de la nature et maître de la parole. En revanche, chacun se doit d'être le maître d'un art spécifique mis au service de l'ensemble.

On comprend dès lors que si le bouclier d'Achille ne défend pas le guerrier de son ennemi, il éloigne cependant du héros la vraie mort : le trou noir de l'oubli ou de l'inconnaissance. Par quoi le défend-il ainsi du pire ? Le bouclier étincelant et finement ouvragé est le complément de l'art du poète substitué, par comparaison avec le forgeron bot, à l'ourdisseur du destin. Ce que le bouclier fait voir à la fois sur la surface ouvragée par la *tekhnè* du forgeron divin et dans le rôle qu'Homère fait endosser à cet ouvrage au sein de son récit, est la confrontation sans fin de l'éthos et du pathos : c'est le cœur en fusion du vivant, épiphanie de l'être, que le bouclier, *alias* l'art du poète, rend ainsi manifeste. S'il ne peut pas infléchir les lois de la nature, et que l'imiter reviendrait ici à redoubler l'horreur, l'art peut néanmoins offrir à son héros un destin différé, divinement inscrit dans la signification infinie des lettres, non dans la rigidité absolue des lois naturelles comme le corps mortel du vivant l'exige si l'homme, Achille en l'occurrence, s'y réduisait. *Cette* signification infinie des lettres se nourrit de *cette* épiphanie continue de l'être qui se manifeste comme existant particulier et comme vivant singulier sous le règne apparent de la *phusis* universelle.

APPROPRIATION DU SINGULIER

Tel un écrin censé montrer un objet inhabituel (un *daidalon*, une *mirabilia*), la description tient en outre un second rôle à l'égard de cet objet particulier, unique et complexe, issu d'un mélange insolite de matières et d'une association inédite de plusieurs arts et métiers de fabrication. Elle met en lumière cet objet comme quelque chose dont la fonction première est d'être en lien direct avec l'individu, qu'il soit homme, dieu ou héros. Quelle que soit la fonction première de cet objet, sa mise en évidence par la description qui achève l'ouvrage en ouvrant la possibilité de la connaissance, ne se soumet pas aux fonctions premières de l'objet ni à ses usages immédiats mais au but de sa transposition dans les mots : dire quelque chose qui relève de l'individu, voire qui le révèle et l'inscrit comme individu dans le monde en fixant sa singularité, son identité propre à travers l'objet-attribut qui est décrit. Ainsi la description achève-t-elle la production, l'œuvre d'un démiurge, par deux opérations conjointes externes à l'œuvre proprement dite : le transfert de l'objet sur un support différent (la description est une mutation de l'objet sur/dans le *miroir de la langue*), transfert suivi d'une mise en cause des facultés sensibles et noétiques à même de saisir l'objet *re-créé* et de se saisir elles-mêmes dans l'acte de cette prise de possession cognitive, ou au moins passionnelle.

Au cours de cette seconde opération, la description provoque la confrontation à l'objet comme une expérience nécessaire à la constitution de l'identité. L'objet est unique tout comme celui à qui il est destiné pour servir de « bouclier » en même temps que de « miroir » pour révéler en lui son identité d'homme, de héros ou de dieu. Mais cet effet est la conséquence du pouvoir de la langue qui a supplanté le pouvoir de l'objet. Le pouvoir de révélation de l'objet n'a d'effet que s'il se produit aussi dans la langue, si la parole se révèle elle-même, quasi simultanément, comme expression d'une épiphanie d'ordre visuel ou visionnaire. Or cette révélation, manifestation d'un double pouvoir (du *logos* et de la *phusis*, épiphanie de l'être et de la constitution des choses), est singulière et concerne d'emblée l'individu. Dans la description, l'universalité du *logos* se retourne ainsi, se replie sur la parole pour signifier son débordement par ce qui n'a pas de forme paradigmatique, à savoir la singularité de la perception, l'unicité qui gît au sein du multiple. Même quand il ne s'agit pas d'un objet personnel (un bouclier, une lance, un anneau, une bandelette, un collier etc., quelque chose que l'on porte sur soi), et qu'il est question de décrire de gros ouvrages (palais, galerie de tableaux, portique, jardin, thermes ou églises), la description n'a affaire qu'à des œuvres, des lieux et des êtres qui réclament une expérience propre de l'individu et qui comportent donc sa mise en relation directe avec l'objet décrit. Le plus souvent cette mise en relation directe s'effectue à travers les données visuelles d'un regard induit et *ré-orienté* par le discours *ekphrastique*. Cependant, bien que dirigé vers l'objet décrit, ce regard, équivalent à un « point de vue », a en réalité sa focale à l'intérieur. Le but est de susciter la prise de parti propre, individuelle et nécessairement identifiante, à cette double opération de connaissance (qui passe par la langue) et de visée ou d'expérience « personnelle » (bien que le terme soit forcé puisqu'il s'agit de « toucher » le vivant particulier, non la singularité autoconsciente d'une personne). Plus particulièrement dans les récits, la description intervient comme une sorte d'attestation de l'individu par objet interposé, objet qui joue le rôle d'une « preuve » et qui parfois remplace même le nom du héros ou sert à dévoiler son « vrai » nom sous un symbole. Aussi bien l'entité physique que l'identité agissante sont ainsi signifiées par l'objet particulier qui donne lieu à la description[1] et qui participe à l'aventure en enfermant, bien souvent, « la clef » du récit. Mais ce dont atteste toujours la description est le caractère particulier de la révélation, jamais l'universel, même quand elle décrit un objet qui est censé faire avec le héros le tour du monde entier.

Pour cette raison précise, et bien qu'elle atteste du singulier tout en l'intégrant à un ensemble et à un dessein général, la description comme genre n'appartient pas à la *paideia* classique, à l'école de l'esprit philosophique travaillant avec les paradigmes idéaux et les catégories. À l'origine elle appartient aux fabricants qui connaissent les conditions et les secrets du « métier de la vie », un savoir propre aux artisans qui opèrent avec l'accidentel et le singulier des matières, avec ce qui est et

1 Une observation de P. Waltz concernant la juxtaposition qui caractérise les formes épigraphiques entre lieu commun et destin particulier, consonne bien, me semble-t-il, avec cette caractéristique de la description comme un genre propre à l'expérience individuelle. Voir *Anthologie grecque*, « Introduction », *op. cit.* p. XXIII. Jusque dans les descriptions tardives d'églises (Eusèbe de Césarée, Grégoire de Nysse, Paul le Silentiaire, Jean de Gaza) l'auteur parle en son nom et s'appuie sur une expérience personnelle de l'objet, de l'espace ou du lieu décrit, bien que cette expérience ne soit pas nécessairement directe mais de l'ordre d'une reconstitution ou d'une projection intellectuelle. C'est le cas de Grégoire qui décrit un projet d'église ou de Paul le Silentiaire qui décrit ce qui est en train de se construire et qui achève son poème ekphrastique en même temps que les ingénieurs et les maçons finissent de construire l'église Sainte-Sophie à Constantinople, de telle sorte que le poète puisse déclamer ses hexamètres à l'occasion de la consécration. Précisons toutefois que Paul le Silentiaire compose ses deux poèmes ekphrastiques, la *Description de Sainte-Sophie* et la *Description de l'Ambon*, en 562 au moment où s'achevait la *re*construction de l'édifice après les dommages causés par les tremblements de terre de 557 au bâtiment érigé en 532. C'est le premier poème qui est récité durant les fêtes de consécration. Pour ce dernier exemple, déjà cité aussi *supra*, voir plus loin son analyse et de relativement longs extraits cités (chap. « *Sophia* » et *Cahier* IV) ; je me permets de renvoyer aussi à A. Vasiliu, « Una dimora per la sapienza, l'ultimo monumento dell'antiquità » in *Monumentum. L'abitare, il politico e il sacro*, Milan, Jaca Book, 2011 (p. 109-132).

n'est pas éternellement, puisque soumis aux lois naturelles. C'est à ce titre qu'elle est d'ailleurs présente aussi (l'a-t-on déjà remarqué ?) dans les conseils prodigués en détail par les livres d'Hippocrate. Comment faire et ce qu'il faut observer pour *bien faire*, c'est-à-dire pour faire le bien, comment préparer et ce dont il faut disposer pour *bien faire* etc. – la connaissance du détail précis portant, plus que jamais dans ce cas, le poids de la validation par l'issue du traitement médical. Car la description, appuyée sur le donné, réclame toujours la plus grande précision, et ce dès le départ.

Bien tard la description, sous le nom consacré d'*ekphrasis*, entrera comme telle dans les manuels de l'art de dire, définie parmi les exercices préparatoires, les *progymnasmata*, à la suite de l'éloge, du parallèle et de l'éthopée[1], quand l'art de dire deviendra aussi une forme de plaisir et participera, avec la comédie, le roman, les jardins, la cosmétique, aux arts de *vivre mieux*. Associée aux figures et aux styles, elle ne sera plus

1 C'est la série d'exercices qui apparaît dans les premiers manuels, ceux d'Aélius Théon ou d'Hermogène, manuels dans lesquels figure aussi la définition standard de l'*ekphrasis*. Selon Aelius Théon, *Progymnasmata* 7 (118.6) : « la description est un discours qui présente en détail et met sous les yeux de façon évidente ce qu'il donne à connaître (Ἔκφρασίς ἐστι λόγος περιηγηματικὸς ἐναργῶς ὑπ' ὄψιν ἄγων τὸ δηλούμενον). » (trad. M. Patillon, Paris, Les Belles Lettres, 1997, p. 66). Hermogène cite la définition d'Aélius et ajoute un certains nombre de caractéristiques : « les vertus de la description sont principalement la clarté et l'évidence (Ἀρεταὶ δὲ ἐκφράσως μάλιστα μὲν σαφήνεια καὶ ἐνάργεια) : l'expression doit presque produire la vision au moyen de l'ouïe (δεῖ γὰρ τὴν ἑρμηνείαν διὰ τῆς ἀκοῆς σχεδὸν τὴν ὄψιν μηχανᾶσθαι). Il importe en outre que les éléments de l'expression se modèlent sur les objets (συνεξομοιοῦσθαι τὰ τῆς φράσεως ὀφείλει τοῖς πράγμασιν) : si l'objet est fleuri, l'expression le sera aussi, si l'objet est sec, l'expression sera de même sorte (… λέξις τοιαύτη). » (*Progymnasmata*, 10, 49-50, trad. M. Patillon, *L'art rhétorique*, Lausanne, L'âge d'homme, 1997, p. 148 ; éd. gr. H. Rabe, Teubner, 1913, p. 23). Au sujet du lien entre la pratique des *progymnasmata* et le statut de la description, voir R. Webb, *Ekphrasis, Imagination and Persuasion in Ancient Rhetorical Theory and Practice*, Ashgate, 2009. Il faut toutefois rappeler que l'usage du régime descriptif de la parole n'a pas attendu les manuels rhétoriques cités ni les œuvres de la Seconde Sophistique et de la première époque byzantine intitulées *Ekphraseis*. Comme substantif, ce terme est tardif et spécifique à la rhétorique, mais le verbe, *ekphrazô*, décrire, expliquer en détail…, est, lui, bien attesté à l'époque classique. Cependant, le plus couramment on désignait du terme polysémique *hupographê* l'usage d'un registre descriptif de la parole, présentant en détail et de manière imagée un objet, un lieu, une pratique. Ce terme se maintient même quand *ekphrasis* est reconnu comme nom du genre, signe qu'il s'agit d'une pratique qui ne recoupe pas la nécessité absolue d'une œuvre d'art comme support. Et même quand il s'agit exclusivement d'œuvres d'art, le recueil de ces descriptions ne s'appelle pas nécessairement *Ekphraseis*, mais peut s'appeler, comme chez Philostrate, *Eikones*.

dorénavant un moyen de juger le donné (le phénoménal) en séparant le vrai du faux ou le bien du mal, et n'aura plus sa place dans un traité des sciences ou dans une œuvre à visée théologique. La rhétorique et la littérature seules se partageront alors ce butin archaïque.

Tard, aussi, ce n'est pas seulement le bouclier qui fera mouche parmi les exercices de la rhétorique[1]. L'œuvre homérique entière sera un « bouclier d'Achille » pour les écrivains. Elle se ré-écrira, produira à son tour des œuvres, sera la *tekhnè* divine du conte, puis du roman, la fabrique intarissable d'histoires merveilleuses à écouter et d'objets exceptionnels, dignes à contempler. Mais le bouclier comme tel, bien qu'il soit considéré comme le prototype de la description, ne sera pas copié *à la lettre*. La description s'invente à chaque fois un nouveau cheval de bataille. Elle peut *citer* mais pas *imiter* une autre description dès lors que son rôle est de *re-créer* la chose selon l'expérience singulière d'un être, en en montrant à la fois l'éclat et le caractère changeant, l'aspect transitoire, mouvementé, propre à la fugacité de l'observation dans la multiplicité des détails. La nature créative et non imitative de la description n'exclut pas l'usage d'objets spécifiques de la *mimêsis* comme objets de choix dans la pratique du genre, en particulier l'*ekphrasis* de ce que nous appelons les objets d'art : peintures, statues, mosaïques, pièces d'orfèvrerie subtiles et étonnantes, ou encore les « merveilles » (*daidalmata*) d'art et de technique imitant ce qui est le plus propre à la nature, le mouvement des êtres animés, les fleurs, les fruits, le vent, le chant des oiseaux etc. Mais la description ne s'y plie pas et ne s'y enferme pas. Elle s'invente des objets qui, au demeurant, servent aussi au récit dans lequel se trouve la description, si la description fait partie d'une construction « littéraire » plus vaste. Souvent elle participe alors au cours des événements, l'infléchit, le précipite, le dévoile, mais joue toujours jeu double : un pas dedans et un pas dehors. On l'a appelé, pour cette raison, le « lieu méta-littéraire du récit[2] », un commentaire

1 Voir les « boucliers » chez les auteurs tardifs étudiés par K. Thein dans un cycle de conférences présentées en mai 2012 dans le séminaire de F. Lissarague à l'EHESS « L'artifice de la description. Repenser l'objet ekphrastique ». Sur la postérité du *topos* homérique, ainsi que sur la grande diversité des interprétations et des reconstitutions archéologiques, picturales et littéraires, voir le livre d'A.-M. Lecoq, *Le bouclier d'Achille. Un tableau qui bouge*, Paris, Gallimard, 2010.

2 R. Webb dans sa conférence « Quelques fonctions de l'*ekphrasis* dans les *Éthiopiques* d'Héliodore », présentée à la séance du 12 mai 2012 de l'Association des Études grecques.

ou une paraphrase qui fait basculer le lecteur au second degré en en prenant la place, si tant est que ce dernier ne soit pas en proie au mirage du tissu dramatique et qu'il cherche précisément à opposer au récit un bouclier-miroir contre son effet engourdissant, contre son pouvoir semblable au regard de Méduse.

La représentation que cerne la description fait ainsi office de retrait et de mise en perspective à partir d'un point de vue tiers. Mais, en s'appropriant objet et représentation, la description oblige le lecteur à faire lui-même office de ce point de vue tiers, qui le transforme en témoin d'une expérience dont il n'est sur le coup ni l'agent ni le maître, *a fortiori*, mais tout simplement l'objet de ses propres sens et de ses propres désirs. Ainsi, pour le *logos*, l'*ekphrasis* joue le rôle analytique d'une observation et d'une mise à distance, tandis que pour le récepteur, la description est révélatrice du rôle de témoin assigné au lecteur, rôle au long duquel naît, en même temps que l'expérience perceptive singulière, l'idée de l'œuvre comme création « subjective », comme nous l'appelons de nos jours.

La description est le lieu qui montre comment l'intrigue du roman se noue et se délie à tour de rôle pour chacun des protagonistes, telle la ceinture merveilleuse de Chariclée, l'héroïne du roman (*Éthiopiques*, Liv. III, IV, 2-4).

CAHIER I
Homère, *Iliade* chant XVIII : les marqueurs de la description *princeps*

LE VIVANT

Du nom au mouvement. L'ouvrier et l'art des pieds.

Et Zeus s'adresse alors à Héré, son épouse et sœur : « Te voilà arrivée à tes fins, auguste Héré aux grands yeux (βοῶπις) : tu as fait se lever Achille aux pieds rapides (πόδας ταχύν). Il faut vraiment qu'ils soient issus de toi, les Achéens chevelus » L'auguste Héré aux grands yeux lui répond : « Terrible Cronide, quels mots as-tu dit là (ποῖον τὸν μῦθον ἔειπες) ? S'il est vrai qu'un homme doit, à l'égard d'un autre, achever son dessein, alors qu'il est mortel et sait si peu de choses (πού τις μέλλει βροτὸς ἀνδρὶ τελέσσαι, / ὅς περ θνητός τ' ἐστι καὶ οὐ τόσα μήδεα οἶδε), comment donc, moi qui prétends être la première des déesses, par la naissance et par le nom que j'ai de ton épouse, à toi qui règnes sur tous les Immortels, comment ne devais-je pas tramer le malheur des Troyens, s'ils ont provoqué ma rancune ? »

Mais, tandis qu'ils conversent ainsi, Thétis aux pieds d'argent (Θέτις ἀργυρόπεζα) arrive dans la demeure d'Héphæstos, demeure impérissable et étoilée (ἄφθιτον ἀστερόεντα), éclatante entre toutes aux yeux des Immortels, toute en bronze et construite par le Bancal lui-même (ποιήσατο Κυλλοποδίων). Elle le trouve, tout suant, roulant (ἑλισσόμενον) autour de ses soufflets, affairé. Il est en train de fabriquer des trépieds (τρίποδας) – vingt en tout – qui doivent se dresser tout autour de la grande salle, le long de ses beaux murs bien droits. À la base de chacun d'eux, il a mis des roulettes en or, afin qu'ils puissent, d'eux-mêmes, entrer dans l'assemblée des dieux (χρύσεα δέ σφ' ὑπὸ κύκλα ἑκάστῳ πυθμένι θῆκεν, / ὄφρά οἱ αὐτόματοι θεῖον δυσαίατ' ἀγῶνα), puis s'en revenir au logis – une merveille à voir (θαῦμα ἰδέσθαι) ! [...] Tandis qu'il peine ainsi, en ses savants pensers (πονεῖτο ἰδυίῃσι πραπίδεσσι), voici que s'approche Thétis, la déesse aux pieds d'argent. Charis s'avance et la voit, Charis la Belle, au voile éclatant, qu'a prise pour femme l'illustre Boiteux. (v. 356-383)[1]

Il dit et quitte le pied de son enclume, monstre essoufflé et boiteux (χωλεύων), dont les jambes grêles s'agitent sous lui (ὑπὸ δὲ κνῆμαι ῥώοντο ἀραιαί). Il écarte du feu ses soufflets ; il ramasse dans un coffre d'argent tous les outils dont il usait ; il essuie avec une éponge son visage, ses deux bras,

1 Tous les fragments sont cités dans la traduction de P. Mazon, en respectant ses quelques archaïsmes.

son cou puissant, sa poitrine velue. Puis il enfile une tunique, prends un gros bâton, et sort en boitant (χωλεύων). Deux servantes s'évertuent à l'étayer. Elles sont en or, mais elles ont l'aspect de vierges vivantes (ὑπὸ δ' ἀμφίπολοι ῥώοντο ἄνακτι / χρύσειαι, ζωῇσι νεήνισιν εἰοικυῖαι). Dans leur cœur est une raison (τῇς ἐν μὲν νόος ἐστι μετὰ φρεσίν) ; elles ont aussi voix et force (ἐν δὲ καὶ αὐδὴ καὶ σθένος) ; par la grâce des Immortels, elles savent travailler (ἀθανάτων δὲ θεῶν ἄπο ἔργα ἴσασιν). Elles s'affairent, pour étayer leur seigneur. Il s'approche avec peine de l'endroit où est Thétis et s'asseoit sur un siège brillant (ἐπὶ θρόνου ἷζε φαεινοῦ). (v. 410-422)

L'ENTRELACEMENT DES RÉCITS

L'enfance d'Héphaïstos, le combat d'Achille. Le destin et les arts.

L'illustre Boiteux répond : « Ah ! c'est une terrible, une auguste déesse [Thétis], qui est là sous mon toit ! c'est celle qui m'a sauvé, à l'heure où, tombé au loin, j'étais tout endolori, du fait d'une mère à face de chienne, qui me voulait cacher, parce que j'étais boiteux (ἥ μ' ἐθέλησε κρύψαι χωλὸν ἐόντα). Mon cœur eût bien souffert (τότ' ἂν πάθον ἄλγεα θυμῷ), si Eurynome et Thétis ne m'avaient alors recueilli dans leur giron – Eurynome, fille d'Océan, le fleuve qui va coulant vers sa source. Près d'elles, durant neuf ans, je forgeais mainte œuvre d'art (δαίδαλα πολλά), des broches, des bracelets souples, des rosettes, des colliers, au fond d'une grotte profonde, qu'entoure le flot immense d'Océan, qui gronde, écumant. Mais nul n'en savait rien, ni dieu ni mortel. Thétis et Eurynome étaient seules à savoir, elles qui m'avaient conservé la vie. [...] » (v. 393-405)

[...] Dis-moi ce que tu as en tête (αὔδα ὅ τι φρονέεις). Mon cœur me pousse à le faire, si c'est chose je puisse faire et qui se soit faite déjà (τελέσαι δέ με θυμὸς ἄνωγεν, εἰ δύναμαι τελέσαι γε καὶ εἰ τετελεσμένον ἐστί). »

Thétis alors, pleurante, lui répond : « Héphæstos, est-il une autre des déesses, habitante de l'Olympe, dont le cœur jamais eut à supporter autant de cruels chagrins que Zeus, fils de Cronos, m'aura octroyé de douleurs, à moi, seule, entre toutes ? [...] Il m'a donné un fils. Je l'ai enfanté, élevé, héros entre les héros. Il a grandi comme une jeune pousse et, après l'avoir nourri, comme un plant au flanc du vignoble, je l'ai envoyé, sur des nefs recourbées, au pays d'Ilion combattre les Troyens. Mais il est dit, en revanche, que je ne l'accueillerai pas, rentrant chez lui, dans la demeure de Pélée, et, tant qu'il me reste vivant, les yeux ouverts à l'éclat du soleil, il souffre, sans qu'il me soit possible d'aller l'aider en rien. [...] Et c'est pourquoi me voici aujourd'hui, suppliante, à tes genoux. Voudras-tu, à ce fils qu'attend une prompte mort, donner un bouclier, un casque, de bonnes jambières avec couvre-chevilles adaptés, et une cuirasse ? Tout cela, son loyal ami [Patrocle] le lui a perdu, quand il a été abattu par les Troyens ; et mon fils maintenant gît sur le sol, l'âme en peine.

Et l'illustre Boiteux répond : « N'aie crainte, que cela ne soit pas un souci pour ton cœur (Θάρσει· μή τοι ταῦτα μετὰ φρεσὶ σῇσι μελόντων) : aussi vrai que j'aimerais pouvoir le dérober au trépas douloureux, quand l'affreux destin l'atteindra (αἲ γάρ μιν θανάτοιο δυσηχέος ὧδε δυναίμην / νόσφιν ἀποκρύψαι, ὅτε μιν μόρος αἰνὸς ἱκάνοι), il aura ses belles armes, des armes telles que, si nombreux soient ceux qui les verront, tous en seront émerveillés (ὥς οἱ τεύχεα καλὰ παρέσσεται, οἷά τις αὖτε / ἀνθρώπων πολέων θαυμάσσεται, ὅς κεν ἴδηται). » (v. 426-467)

Et quand l'illustre Boiteux a achevé toutes ces armes, il les prend et les dépose aux pieds de la mère d'Achille. Elle, comme un faucon, prend son élan du haut de l'Olympe neigeux et s'en va emportant l'armure éclatante (μαρμαίροντα) que lui a fournie Héphæstos. (v. 614-617)

ÉTONNANTES MERVEILLES DE LA SAGESSE OUVRIÈRE

Le ciel, les astres, la cité, la lumière du soleil et celle des flambeaux, la danse, la guerre, les vivants et les mourants, le travail des champs, les fruits de la terre..., tout ce qui se meut, tourne, se fait entendre et voir.

Il [Héphæstos] jette dans le feu le bronze rigide, l'étain, l'or précieux, l'argent. Il met sur son support une grande enclume. Enfin, dans une main, il prend un marteau solide et, dans l'autre, sa pince à feu.

Il commence par fabriquer un bouclier, grand et fort. Il l'ouvre adroitement de tous les côtés. Il met autour une bordure étincelante (φαεινὴν) – une triple bordure au lumineux éclat (τρίπλακα μαρμαρέην). Il y attache un baudrier d'argent. Le bouclier comprend cinq couches. Héphæstos y crée un décor multiple, fruit de ses savants pensers (ἐν αὐτῷ ποίει δαίδαλα πολλὰ ἰδυίῃσι πραπίδεσσιν).

Il y figure la terre, le ciel et la mer, le soleil infatigable et la lune en son plein, ainsi que tous les astres dont le ciel se couronne, les Pléiades, les Hyades, la Force d'Orion, l'Ourse – à laquelle on donne le nom de Chariot – qui tourne sur place, observant Orion, et qui, seule, ne se baigne jamais dans les eaux d'Océan.

Il y figure aussi deux cités humaines – deux belles cités. Dans l'une, ce sont des noces, des festins. Des épousées, au sortir de leur chambre, sont menées par la ville à la clarté des torches, et, sur leurs pas, s'élève, innombrable, le chant d'hyménée. De jeunes danseurs tournent, et, au milieu d'eux, flûtes et cithares font entendre leurs accents, et les femmes s'émerveillent (θαύμαζον), chacune, debout, en avant de sa porte. Les hommes sont sur la grand place. Un conflit s'est élevé, et deux hommes disputent sur le prix du sang pour un autre homme tué. [...] (v. 474-499)

Autour de l'autre ville campent deux armées, dont les guerriers brillent (λαῶν) sous leurs armures. Les assaillants hésitent entre deux partis : la ruine de la ville entière, ou le partage de toutes les richesses que gardent dans ses murs l'aimable cité. Mais les assiégés ne sont pas disposés, eux, à rien entendre, et ils s'arment secrètement pour un aguet. [...] Ils montent, tous, aussitôt sur les chars aux attelages piaffants, partent en quête et vite atteignent l'ennemi. Ils se forment alors en ligne sur les rives du fleuve et se battent, en se lançant mutuellement leurs javelines de bronze. À la rencontre participent Lutte et Tumulte et la déesse exécrable qui préside au trépas sanglant ; elle tient, soit un guerrier encore vivant malgré sa fraîche blessure, ou un autre encore non blessé, ou un autre déjà mort, qu'elle traîne par les pieds dans la mêlée, et, sur ses épaules, elle porte un vêtement qui est rouge du sang des hommes. Tous prennent part à la rencontre et se battent comme des mortels vivants, et ils traînent les cadavres de leurs mutuelles victimes. (v. 509-514 ; 530-541)

Il y met aussi une jachère meuble, un champ fertile, étendu et exigeant trois façons. De nombreux laboureurs y font aller et venir leurs bêtes, en les poussant dans un sens après l'autre. [...] Derrière eux, la terre noircit ; elle est toute pareille à une terre labourée, bien qu'elle soit en or – une merveille d'art (χρυσείη περ ἐοῦσα· τὸ δὴ περὶ θαῦμα τέτυκτο) ! (v. 542-549)

Il y met encore un domaine royal. Des ouvriers moissonnent, la faucille tranchante en main. [...] (v. 550-551)

Il y met encore un vignoble lourdement chargé de grappes, beau et tout en or (καλὴν χρυσείην) ; de noirs raisins y pendent ; [...] Un enfant est au centre, qui, délicieusement, touche d'un luth sonore, cependant que, de sa voix grêle, il chante une belle complainte (ὑπὸ καλὸν ἄειδε λεπταλέῃ φωνῇ). Les autres, frappant le sol en cadence, l'accompagnent, en dansant et criant, de leurs pieds bondissants (ποσὶ σκαίροντες ἕποντο). (v. 561-562 ; 569-572)

Il y figure aussi tout un troupeau de vaches aux cornes hautes. Les vaches y sont faites et d'or et d'étain. Elles s'en vont, meuglantes, de leur étable à la pâture, le long d'un fleuve bruissant et de ses mobiles roseaux. Quatre bouviers en or s'alignent à côté d'elles ; et neuf chiens aux pieds prompts les suivent. Mais deux lions effroyables, au premier rang des vaches, tiennent un taureau mugissant, qui meugle longuement, tandis qu'ils l'entraînent. [...] (v. 573-581)

L'illustre Boiteux y fait aussi un pacage, dans un beau vallon, [...] (v. 587-588)

L'illustre Boiteux y modèle encore une place de danse toute pareille à celle que jadis, dans la vaste Cnosse, l'art de Dédale a bâtie pour Ariane aux belles tresses. Des jeunes gens, des jeunes filles, [...] sont là qui dansent en se tenant la main au-dessus du poignet. [...] Tantôt, avec une parfaite aisance ils courent d'un pied exercé – tel un potier, assis, qui essaye la roue bien faite à sa main, pour voir si elle marche – tantôt ils courent en ligne les uns vers les autres. Une foule immense et ravie fait cercle autour du chœur charmant. Et deux acrobates, pour préluder la fête, font la roue au milieu de tous. (v. 590-605)

Il y met enfin la force puissante du fleuve Océan à l'extrême bord du bouclier solide. (v. 606-607).

EPOS

L'effrayant lieu du vivant : récit d'une séparation entre aspect et fonction. La description dans une structure épique tardive.

LA *PANTARBE* ET SON REFLET
L'histoire des deux anneaux

Dans le récit romanesque d'Héliodore, les *Éthiopiques*, le « bouclier » homérique se transforme en deux anneaux. Les deux bagues de Chariclée, l'héroïne du roman, tiennent le même rôle protecteur, font au sein du texte un jeu similaire de lentille qui concentre les lignes épiques et la trame symbolique du récit, et présentent en outre une configuration apparentée au grand modèle, avec un renversement d'échelle de la perspective induite par le décor tout aussi vertigineux que l'effet produit par le décor pléthorique du « bouclier », même si les réalités réunies par l'insertion du *vaste* dans le *petit* ne se déploient pas en un panorama cosmique mais se réduisent à une scène de théâtre itinérant. Le parallèle et les dissemblances entre le modèle homérique et les objets de parure décrits dans le roman d'aventures du narquois « phénicien de la race du Soleil[1] », permettent de juger dans une lumière crue aussi bien le pouvoir renouvelé accordé au *logos*, que les nouvelles contraintes imposées à la technique ekphrastique. Si le récit de la cavalcade reprend le motif du retour chez « soi » de l'*Odyssée*, le cadre épique donné à ce thème de la récupération de l'identité a cependant modifié aussi bien le statut accordé à l'être humain que la place assignée aux dieux.

1 Présentation d'Héliodore par lui-même ; voir les références *infra* (fin de la note suivante). Le personnage principal des *Éthiopiques* étant une jeune femme, les objets identifiants décrits sont nécessairement des éléments de parures non des armes ; cependant, de même que les armes ont aussi une fonction de parure, ainsi les bijoux décrits jouissent à leur tour d'une fonction double, d'ornement et de protection.

La « ruse des dieux », pouvoir démiurgique de la parole, est maintenant entièrement assumée par les hommes. Avec son *alter-ego* romanesque, le prêtre égyptien Calasiris, le narrateur fait et défait les nœuds de l'intrigue, en maître du destin de ses héros, tandis que la description, bien qu'elle soit toujours le lieu où la parole confronte son pouvoir de production de réalités avec les données de l'expérience, se réduit à tenir le miroir face à des œuvres circonscrites aux exigences exclusives du particulier et du moment épique. Comme le récit raconte des faits que le narrateur lui-même invente, le témoignage est cette fois-ci intégré au scénario ; il se fait entendre face à des objets, des lieux ou des rituels décrits, mais n'a plus de rôle à jouer l'égard d'une histoire à portée universelle. On mesure ainsi la distance entre l'épopée et le récit épique, entre l'intervention des dieux et l'intervention des prêtres, entre la guerre des héros et une opposition de principes perturbée par des événements présentés comme des faits invraisemblables, renversant constamment le cycle naturel des choses pour tenir en haleine un lecteur suspendu à la vie factice des « personnages ».

Entre autres objets « merveilleux », Héliodore se sert dans le jeu épique de son roman de deux anneaux qui portent les « secrets » du récit : une bague avec scène pastorale taillée dans une améthyste d'Éthiopie, objet qui bénéficie d'une *ekphrasis*, et une bague avec une pierre « pantarbe » qui n'est pas décrite (et pour cause !) mais qui agit encore plus efficacement que la bague à l'améthyste sur le dénouement du récit. En réalité, c'est bien ce dernier objet du récit, l'anneau avec la « pantarbe » – la pierre qui attire et renverse l'effroi, déjoue l'acquiescement au destin apparent comme à l'impitoyable Gorgone, et retourne sur l'ennemi l'épuisement et le renoncement au combat – qui résume à lui seul le mécanisme de la description tel qu'il est en usage dans la pratique épique, romanesque en l'occurrence, de la fin de l'Antiquité. Être effrayé, éprouver l'effroi et la crainte joue sur le vivant le rôle d'un bouclier intime à vertu apotropaïque[1]. L'héritage archaïque est toujours

1 Effrayer et s'effrayer, craindre et menacer, vénérer et être respecté – cette ambivalence est comprise dans le sens du nom donné à la mystérieuse pierre *pantarbe* : παντάρβη / πανταρβής, terme forgé sur ταρβέω, τάρβος (peur, avoir peur, faire peur, être sans peur), mot ancien et rare en prose (*cf.* A. Bailly, *Dictionnaire grec-français*, et P. Chantraine, *Dictionnaire étymologique de la langue grecque*), propre à la poésie, à la tragédie et aux mythes. Cet archaïsme épique partage le même effet terrible de stupeur et le même caractère réversible que le terme bien plus courant *thauma*, mais comporte une dimension plus « littéraire » et induit

là : ce que veut et ce que peut produire la description à l'intérieur d'un récit est de capter et de rassurer en même temps le lecteur par l'effet de *prise* que les mots ont (ou voudraient avoir) sur la terre ferme des choses qui composent la réalité de l'expérience. Réduite au rôle d'une « pantarbe » la parole retient le souffle, l'« aimante », et montre le revers exact d'un discours argumentatif ; elle fait retour sur l'acte primordial par lequel le vivant communique « sans paroles » avec le vivant par la force d'être et de demeurer *là*, inamovible dans le feu comme la foi[1]. Certes, la parole ne s'y identifie pas, mais signifie cependant l'acte, lui fait dire ce qui s'y entend : s'affronter à l'apparent comme à ce qui est soumis à la destruction naturelle pour en déjouer les dangers, renverser mille fois les aspects jusqu'à ce que l'apparent finisse par révéler de lui-même l'identité recherchée, au long d'un chemin sur lequel un destin cache toujours un autre destin qui s'accomplit en se dévoilant à son tour à travers le sort d'encore un autre vivant[2].

---

cette aura de « magie orientale » nécessaire à la fiction. Rappelons que l'anneau avec la « pantarbe » est la clef du roman d'Héliodore. Par ailleurs, la pierre qui porte ce nom est connue dans l'Antiquité comme une pierre solaire et pourvue de vertus alchimiques, étant capable d'attirer l'or comme l'aimant le fer (Philostrate en donne la description dans *La vie d'Apollonius de Tyane*, III, 46). Cette pierre, qui rend invisible celui qui la porte, agit comme « énergie » pure ; sans support ni cause apparente, la « pantarbe » ne se laisse connaître que par ses effets, aussi visibles que puissants. Elle rappelle la non moins mystérieuse escarboucle des médiévaux par l'association de lumière et de ténèbres, d'or, de feu et de sang. Le caractère solaire de la « pantarbe » fait de l'anneau protecteur et symbole de reconnaissance dans *Les Éthiopiques*, la signature même d'Héliodore, Phénicien « de la race d'Hélios (τῶν ἀφ' Ἡλίου γένος) », comme il s'appelle lui-même à la dernière ligne du roman (Liv. X, XLI, 4). La traduction de tous les passages cités appartient à J. Maillon, d'après le texte établi par R. M. Rattenbury et T. W. Lumb, Paris, Les Belles Lettres, 1960. Pour quelques précisions supplémentaires concernant les aspects religieux du roman, les possibles rappels de la *Vie d'Apollonius de Tyane* de Philostrate et le supposé néo-pythagorisme d'Héliodore, voir l'étude de J. Maillon, « Préface du traducteur », en particulier p. LXXXV-LXXXVIII.

1 « La façon extraordinaire dont j'ai été préservée, disait-elle [Chariclée vient d'échapper aux flammes du bûcher grâce à son anneau à la *pantarbe*], semble bien être le fait de la providence divine et un bienfait du Ciel. Mais toutes les épreuves qui nous accablent sans répit, les tourments qui nous affligent paraissent prouver que les dieux s'acharnent contre nous et que leur colère nous poursuit. À moins que ce ne soit là un miracle (θαυματοποιΐα) opéré par une divinité (δαίμονος) qui se plairait à nous jeter dans les pires dangers pour nous sauver ensuite d'une situation désespérée. » (Liv. VIII, X, 2). Pour les passages du roman d'Héliodore sur lesquels s'appuient ces quelques pages, voir *Cahier II*, à la fin de ce chapitre.

2 Les deux anneaux du roman jouent en effet non seulement des rôles clefs dans l'intrigue, mais représentent en outre les doubles ou les signes distinctifs des identités de l'auteur

Il s'agit donc, dans ce roman qui rejoue sous le thème du retour quelques échos de l'*Odyssée*, de ne pas perdre le fil qui relie l'être à son principe protecteur, de ne pas perdre la parole ou la trace en se laissant engloutir par le cours des événements ; et surtout, il s'agit de ne pas laisser croire que tout est combat de contraires et nécessité absolue de destruction. La « pantarbe » fait peur et protège par un retour du danger sur lui-même, à la racine de ce qui est pris pour le mal. Le but n'est pas d'effrayer pour faire peur à celui qui se tient en face, aussi muet qu'agissant, mais de susciter une impression suffisamment forte pour attirer et déjouer la peur native, l'ennemi intérieur de l'être. Comme le serpent d'airain dressé dans le désert qui protège l'homme sans détruire l'animal. La métaphore du « bouclier de la foi » (θυρεὸς τῆς πίστεως, *Éphésiens* 6, 16) fait, elle aussi, fond sur ce même vieux *topos* d'une protection « par miracle » et par un renversement sans cause apparente de tout potentiel danger imminent. Jusque dans la description du *labarum* de Constantin chez Eusèbe de Césarée, ce rôle archaïque d'un objet-bouclier doublé d'une parole-bouclier persiste, se découvrant et agissant grâce au pouvoir dont les investit la mécanique subtile de l'*ekphrasis*, même si l'aspect « magique » du transfert des pouvoirs entre l'ouvrage et la parole est dorénavant infiniment « adouci[1] ». C'est encore ce même rôle qui persiste dans la description minutieuse, toute proche du genre pratiqué par la Seconde Sophistique, de la terreur sacrée qu'engendre la rencontre avec l'ange, dans une Homélie de Jean Chrysostome[2].

De même qu'à l'époque archaïque, la description ne présente pas chez Héliodore la copie conforme d'un objet. En outre, agissant dans un contexte épique, les descriptions n'explicitent pas non plus la dimension

---

et de l'héroïne principale du récit : Héliodore produit un roman-merveille comme la « pantarbe » qui opère par magie la protection, Chariclée est la fine fleur d'améthyste de l'Éthiopie qui porte en elle la « grâce » (*kharis*), l'ordre harmonieux du cosmos.

1 « J'ai vu l'Étendard que les Orfèvres firent par l'ordre de ce Prince, et il m'est aisé d'en décrire ici la figure. [...] Constantin s'est toujours couvert dans la guerre, de cet Étendard comme d'un rempart, et en a fait faire d'autres semblables pour les porter dans toutes ses armées. » Eusèbe de Césarée, *Vita Constantini*, I, 24, chap. XXXI, *Description de l'étendard fait en forme de croix que les Romains appellent labarum* (Ἔκφρασις σταυροειδοῦς σημείου, ὅπερ νῦν οἱ Ῥωμαῖοι λάβαρον καλοῦσιν).

2 Homélie III « Sur l'incompréhensibilité de Dieu », 222-265. Voir sur ce passage et sur son rapprochement avec l'*ekphrasis*, l'analyse de J. Daniélou, « Introduction », p. 30-39, dans Jean Chrysostome, *Homélies I-V*, éd. de A.-M. Malingrey, trad. de R. Flacelière, Paris, Cerf, coll. S. C. 28bis, tome I, 1970².

cathartique, et parfois éthique, de cette parole qui fait apparaître les objets, les êtres ou les actes décrits en les re-créant de toutes pièces pour qu'ils puissent être saisis. La parole descriptive agit en revanche de manière directe sur la perception des lieux : elle agrandit l'espace, emboîte plusieurs lieux en un seul, fait reculer les limites, ouvre les enclos en même temps qu'elle sertit les espaces en séparant de manière topique les genres et les espèces. Elle insiste également sur le pouvoir des objets, mais en prenant garde en même temps au décrochement entre ce pouvoir, invisible, et l'aspect que les mots décrivent minutieusement. Et enfin, elle opère le transfert depuis l'aspect vers l'identité de substitut dont fait office l'objet à l'égard de l'être qui le porte le plus souvent sur soi, comme talisman. On parle alors d'une chose pour en signifier une autre, on rend visible un objet pour montrer, voire racheter un être. La description garde cependant, à travers chacune de ces « opérations », son rôle primordial : celui de mettre le doigt, littéralement, sur le caractère miraculeux de ce qui apparaît sans montrer d'emblée ce que cette chose est vraiment (une esclave est de fait la reine, un vainqueur est un futur vaincu, une fuite est en réalité un retour etc.), pour toucher ainsi au merveilleux, au *thauma*, au caractère phénoménal de chaque événement, qu'il s'agisse de victoire, de guérison, de connaissance ou de reconnaissance.... La description « voit » et « touche » au *merveilleux* comme pour attirer à soi une protection ou un « pouvoir divin » qui permet d'échapper à une fin programmée d'avance par les humains. Par conséquent, lorsqu'elle intervient dans le récit la description signale que le cours de l'histoire prend un tour inattendu et que le contingent même n'est pas le plus sûr.

C'est précisément à cette fin que sert la bague à la « pantarbe », l'aimant d'or, dans le roman d'Héliodore : comme un bouclier, elle protège et permet la reconnaissance de l'identité en attirant et en montrant la vérité des choses comme elle attire et fait luire l'or. En revanche, la « pantarbe » ne se laisse pas décrire puisqu'elle n'est pas un ouvrage mais une « donnée » de la nature, un objet indescriptible par définition, à la limite, une chose proprement invisible. L'artifice doit alors faire son apparition pour pallier aux besoins spécifiques du *logos*. Une autre bague sera donc nécessaire pour assurer ce « complément de service », en s'offrant comme objet merveilleux aux honneurs du *logos* sous l'espèce de l'*ekphrasis*. Car décrire, acte indispensable dans un récit, implique un changement de registre de la parole et signifie jouer avec le feu-follet des mots dépliés pour écarter par des miracles, comme un sorcier, le mal absolu : le non-être, le rien tapis sous le danger de fausse apparition ou d'idole entretenu par la fiction cryptée du conte. Mais on ne peut décrire que ce que l'homme est supposé savoir réellement faire, non ce qui est donné, car décrire consiste à re-faire sur un autre plan l'ouvrage réalisé par un artisan. Bien plus tard la parole poétique s'évertua à décrire aussi des objets naturels, des matières dans lesquelles la nature elle-même semble avoir œuvré à la manière d'un créateur fabricant[1]. L'acte repose évidemment sur une vision des pouvoirs du *logos* qui n'a pas perdu la vigueur archaïque du conflit permanent des contraires, mais qui a changé de registre dans le rapport du langage au divin et au sacré.

Rappelons encore un autre aspect du *topos* fondateur de la description que perpétue la tradition. Le bouclier d'Achille est un objet fabriqué avec un art tel qu'il est censé à la fois protéger et éblouir d'admiration. Réalisé à partir d'un mélange subtil de quatre métaux brillants, il présente un « décor » qui concentre en un lieu unique l'ensemble des aspects et des savoirs de l'univers des astres et des hommes que seul un dieu peut connaître dans leur totalité[2]. L'art d'Héphaïstos est une synthèse divine

1 Environ trois siècles plus tard, Paul le Silentiaire décrira, en effet, les marbres de Sainte-Sophie de Constantinople comme des œuvres de la nature et de la lumière dans la matière. Voir *infra* chap. « *Sophia* » et *Cahier* IV.

2 Plusieurs exégètes ont rapproché le *Timée* de Platon de la composition cosmologique du bouclier homérique. Voir K. Thein, « La force du vraisemblable. Philostrate, Callistrate et l'image à l'épreuve de l'*ekphrasis* », *Mètis*, n. s. 6, 2008, p. 315-334, n. 4, citant J. Pigeaud, *L'art et le vivant*, Paris, 1995, p. 26-27 et T. K. Johansen, *Plato's Natural Philosophy : A Study of the* Timaeus-Critias, Cambridge, 2004, p. 198. Je remercie K. Thein de m'avoir signalé et mis à disposition cette étude. Pour ma part, en étant également persuadée de la présence constante du référent homérique chez Platon, je verrais toutefois un autre parallèle possible avec la dimension cosmologique du bouclier d'Achille dans les dialogues de Platon : le *Sophiste* 233e-234a. La différence est que dans le *Timée* est décrite la fabrication du monde à travers un récit vraisemblable (*eikos muthos*), tandis que dans le *Sophiste* c'est une mise en cause du pouvoir du langage à (re)créer le monde. Or c'est précisément ce que fait Homère : il ne décrit pas un démiurge en train de créer le monde mais un artisan, Héphaïstos, en train de représenter le monde comme s'il le refaisait, avec, en outre, une série de scènes sur le bouclier qui sont autant d'emboitements, de « mises-en-abîmes » du récit d'Homère lui-même. Dans le *Sophiste*, il s'agit du passage où l'étranger décline à la demande de Théétète le contenu de la totalité des choses que le sophiste serait capable de produire par l'intermédiaire de son art unique, par sa maîtrise particulière de la parole ; sont cités ainsi les animaux, les arbres, le ciel, la terre, la mer, le ciel et les dieux, en somme, l'ensemble de l'univers offert à l'auditoire

du savoir déployé entre le singulier et le tout[1]. À l'aide de ce bouclier, et à l'instar de son artisan, l'interprète, celui qui tient la parole à la fois de la description et du récit, agit ainsi sur les pouvoirs du vivant en protégeant en lui le noyau irréductible de l'être, celui qui ne peut que survivre à la mort physique de l'individu. Or c'est bien cette vertu, réunissant les pouvoirs du bouclier et de la description, qui est déclinée à l'époque tardive d'Héliodore en deux temps séparés à l'aide de deux objets distincts et complémentaires à la fois : l'un qui « fait bouclier » uniquement, l'autre qui s'offre à la description puisqu'il possède les conditions requises pour attirer le regard et nourrir la contemplation et la réflexion. Les deux ont affaire, simultanément, au singulier, au destin individuel en l'occurrence, et à la nature, en l'espèce aux rapports que l'individu entretient avec les lois naturelles et à la connaissance qu'il en tire à l'égard de sa propre condition grâce à un regard réfléchi et pourvu de capacité distinctive. Ce regard, il va de soi, est suscité par la parole, engendré par le pouvoir captivant de « faire image » propre à la technique de la description. À ce titre, Héliodore n'est pas moins « performeur » de la parole qu'Homère lui-même, sauf qu'il a changé de mode d'expression et dédoublé les registres du jeu entre le récit et la description.

La « pantarbe », dont se sert le Phénicien disciple du Soleil, est exemplaire pour illustrer la mise en œuvre de ce dédoublement. Elle est pourvue d'une fonction séparée de l'origine en même temps que

du sophiste grâce au pouvoir de la *mimêsis* dont les techniques spécifiques seront par la suite présentées en détail. Le sophiste apparaît comme le mime du démiurge forgeron, puisque tout ce qu'il fait n'est que représentation, enchaînement d'images qu'aucune description ne pourrait en retour référer à l'existant. Le conflit intime de l'*ekphrasis* avec la *mimêsis* se dévoile précisément à travers cette confrontation entre d'une part la parole dialectique, cherchant à cerner l'être et le vrai du non-être et du faux, et de l'autre la parole sophistique qui engendre indifféremment des représentations (εἴδωλα λεγόμενα περὶ πάντων, 234c 6), alors qu'elle prétend prodiguer le savoir, non briguer un statut d'œuvre poétique ou mythologique. À la différence de la parole sophistique qui fonctionne délibérément sur une production de doubles et a donc besoin des arts de la similitude, la description se plie de manière inconditionnelle sur la « réalité » de son objet, même lorsque c'est elle qui l'invente, et s'efface délibérément pour laisser parler à sa place l'objet.

1 Si référence il y a dans le *Timée* platonicien aux vertus du bouclier homérique, elle serait, bien que lointaine, dans ce passage où il est question de l'un et du multiple, ou plus exactement de la saisie du singulier et de l'unité au sein d'une totalité, dans la différence entre la connaissance humaine et la connaissance divine (*Timée* 68d). Mais l'exemple choisi ici par Platon est celui des couleurs et de leur mélange.

du statut et de la forme de l'objet. La mystérieuse pierre de la bague héritée par Chariclée de sa mère qu'elle ne connaît pas, tient en effet le rôle d'un bouclier sans avoir besoin d'être une réplique de l'ouvrage d'Héphaïstos ; elle est naturellement « magique » si on connaît son pouvoir d'aimant et que l'on sait s'en servir directement, comme un initié ; sinon elle n'est rien qu'une parure anodine, objet sans aucun ornement d'art, tel un coquillage ou un osselet enfilé. Pour cette raison, si la « pantarbe » fait, comme la parole magique, l'objet d'un recours aux vertus apotropaïques que recèle la *phusis*, vertus qu'elle attire et qu'elle transmet sans rien signifier en dehors de cet acte, elle n'a pourtant pas le pouvoir de jouer toute seule son rôle de force occulte et de pièce à conviction dans le roman. Elle a besoin d'une description dont elle ne peut pas faire elle-même l'objet en raison de sa visibilité pauvre, à la limite de l'inaperçu. Or Héliodore résout le paradoxe en faisant intervenir une autre pierre précieuse dans l'intrigue du récit. Le chaton d'une seconde bague, pendant des vertus « naturelles » de la « pantarbe », tient le rôle d'objet de la description dans la mesure où un art « merveilleux » interagit dans son cas avec les vertus de la nature. Ce double de la « pantarbe » est présenté comme une pierre unique, taillée et gravée d'une scène animée.

On comprend aisément ainsi que la fonction « bouclier » et la fonction « support de la description » sont inséparables, comme la fonction « magique » et la fonction « signifiante » de la parole, ou du moins que les deux jouent le plus souvent en binôme leur rôle dans toute actualisation épique des pouvoirs du *logos*. Cependant, au-delà des questions qui concernent les enjeux propres au statut sacré du récit antique, le rôle de la description est particulier car il consiste à fixer une réalité en s'appropriant au plus près les moyens de sa perception (en premier du regard et du toucher jusqu'à l'émoi), et à montrer en même temps que ce rôle d'appropriation ne s'actualise que si, et seulement si, l'*ekphrasis* joue aussi une fonction de bouclier, complémentaire aux fonctions de défense, de témoignage et d'éloge assignées au *logos*. Dans l'exercice de description le langage fait ainsi acte de sa racine commune avec le vivant et, comme celui-ci, il prend possession en même temps qu'il se défend mot après mot, comme pas à pas, de tout ce qui résiste phénoménalement ou métaphysiquement à sa maîtrise, à l'identification avec un nom ou avec une expression signifiante. Divine technique encore, celle qui vise à apprivoiser toute chose pour l'offrir en pâture au regard et la conduire en même temps à la connaissance intellective.

En fin de compte, l'identité de l'objet sur lequel porte la description s'avère être de relative maigre importance, pourvu qu'il s'agisse d'un produit de l'art comparable à cet autre art qui est celui de la parole, et que l'attrait suscité finisse en une unité composite et réfléchie entre la parole révélatrice et la perception de la chose existante. Décrire signe ainsi l'acte de baptême en même temps que l'acte d'autonomie du langage. De baptême, dans la mesure où la description est bien la confirmation première d'une distinction du langage qui arrive à pénétrer la réalité fermée sur elle-même des choses, le miracle immanent inscrit dans la visibilité de toute chose qui apparaît. Mais acte d'autonomie aussi, en raison de la possibilité assignée au langage seul de s'inventer son objet propre et de le révéler comme réalité ou comme vérité « d'existant » même quand cet objet est dépourvu de toute référence, quand il est, comme souvent, l'objet d'une invention que les yeux de chair ne pourront jamais voir, bien que la description le présente comme une image, comme une visibilité ou une évidence signifiante pour l'esprit.

Héliodore, qui utilise à merveille ce mécanisme d'invention et d'appropriation de l'existant par la description, s'appuie tout particulièrement sur l'effet du dédoublement[1]. L'anneau à « pantarbe » est donc le double caché de l'anneau avec l'améthyste gravée, dont la description introduit le lecteur dans une scène pastorale, envers paisible de l'état de menace permanente sous laquelle vivent les héros en cavale du récit. Cependant, le « naturel » et l'« artificiel » échangent si souvent leur place qu'ils finissent par s'identifier. Si la pierre « pantarbe » garde tout son mystère et joue son rôle dans la protection et dans la reconnaissance de l'identité sans que l'on ait la moindre idée de son aspect, le second anneau, en revanche, l'anneau royal qui sert à racheter la liberté de l'un des protagonistes, bénéficie d'une description détaillée et double aussi, de surcroît. Héliodore décrit dans son cas à la fois les qualités naturelles des matières et les figures de la représentation, comme dans la description

1 Précisons, au demeurant, que le roman d'Héliodore ne prend pas seulement l'*Odyssée* comme référence-phare, mais qu'il joue sur toute la gamme littéraire connue qui reprend la trame et les *topoi* de l'*Odyssée* ; en l'occurrence, l'écho topique et topographique de l'*Hélène* d'Euripide, avec son jeu particulier sur le double, est, entre autres, des plus évidents dans les *Éthiopiques*.

du bouclier homérique, et comme il se doit d'ailleurs à l'égard de tout objet issu d'une *tekhnè* prodigieuse, œuvre merveilleuse et divine car dépassant les possibilités de la nature (ὑπερφυές, θεσπέσιον)[1]. Cette description se transforme finalement en un portrait, comme l'évocation de la « pantarbe » se meut en fin de compte en symbole du destin, les deux étant rapportées à une seule et même existence, celle de l'héroïne du roman en quête de son identité.

La description de la bague commence par une nomination des matières, l'ambre (?) de l'anneau et la pierre du chaton « aussi large que l'œil d'une jeune fille », nomination assortie d'une description des propriétés de la pierre elle-même, de son eau profonde et de ses couleurs liées à son origine (améthyste d'Éthiopie, discrète allusion à l'origine de l'héroïne qui la possède), de son éclat doré, de ses feux « d'une vivacité printanière » comme la jeunesse de la fille, de sa lueur particulière qui « caresse les yeux de sa douce lumière », et de ses vertus efficaces contre l'ivresse[2]. Puis, la description de l'intaille proprement dite prend la relève[3]. La représentation gravée, intimement accrochée à la structure, à la forme et aux propriétés de la pierre, demeure en même temps distincte de celle-ci, autonome comme une *image*, ne faisant corps commun avec l'améthyste que dans un seul point précis, là où un roc, apparaissant dans le paysage, se confond et s'identifie à la pierre elle-même qui porte l'ensemble. C'est ce point précis où les deux « pierres », la vraie

1 *Éthiopiques*, Liv. V, XIII, 3. Un peu plus loin (XV, 1), après l'*ekphrasis* de l'intaille, c'est le terme παράδοξον qui est employé pour désigner le caractère merveilleux de l'ouvrage qui suscite l'admiration, outre la valeur de la pierre elle-même qui orne la bague.

2 Liv. V, XIII, 3-4. Toute la description est traversée par une insistance particulière sur l'aspect visuel et sur les yeux, à commencer par la comparaison du chaton en améthyste avec l'œil d'une jeune fille (ὅσον ὄμμα παρθενικὸν). L'association de la pierre précieuse avec l'ambre ou l'or (ici : ἤλεκτρον) n'est pas sans induire l'image d'un visage au teint doré et aux yeux d'un bleu profond, rehaussé de lueurs vives et chaudes. Le jeu subtil construit par Héliodore sur l'image d'Andromède dont Chariclée serait la réplique en raison de la peinture contemplée par sa mère au moment de la conception, permet d'interpréter sur ce principe de dédoublement nombre d'allusions potentielles dont regorge la fiction romanesque. La nomination des matières, qui précède la description de l'ouvrage, est en outre un vieux *topos* : chez Hésiode (Ps-Hésiode) la description du bouclier commence, comme chez Homère, par les matières : l'émail, l'ivoire, l'électron et l'or. Quant aux vertus de l'améthyste, tirées d'une étymologie du mot ἀμέθυσος rejetée depuis l'Antiquité, voir les références contemporaines citées dans l'édition du texte, t. II, p. 53, n. 2. L'insistance sur les vertus « naturelles » fait de l'améthyste une « pantarbe » à son tour, une pierre « naturellement » magique.

3 Liv. V, XIV, 1-4.

et celle qui est représentée, se rejoignent, s'emboîtent et s'identifient mutuellement, qui fournit à Héliodore l'occasion de refuser à l'ouvrage la condition seconde d'une *mimêsis* au profit de la coïncidence factice entre l'image et la représentation, entre une pierre véritable et le rocher habituel dans une scénographie bucolique : ἡ δὲ ἦν πέτρα τῷ ὄντι καὶ οὐχὶ μίμημα (« pierre véritable et non pas imitée »)[1]. Cette coïncidence non seulement signifie l'appropriation de l'élément naturel par une œuvre d'art – ici : par une « écriture » commune à l'art du graveur et à celui de l'écrivain –, mais révèle aussi le but de l'unité qui résulte de cette appropriation et qui oppose au processus immanent de la *phusis* une fin différente.

Le « paysage » inscrit dans la pierre joue, habilement, sur la simultanéité des deux registres de visibilité : celui de la pierre naturelle et celui de l'artifice de la représentation. Cependant, la description, construite nécessairement sur les deux plans, s'arrange pour les rendre non mimétiques mais bien concurrentiels : le jeune pâtre, debout sur une pierre (figure dont Platon lui-même s'était servi dans le *Philèbe* 38d), fait avec sa flûte concurrence à Orphée ; dans le règne animal, les moutons, dont le mouvement est réglé par la musique, sont couverts d'une laine qui rappelle la toison d'or (l'allusion à l'histoire de Jason n'est pas à exclure) non en raison de leur couleur naturelle, mais grâce au rayonnement de l'améthyste à travers laquelle on les regarde ; tandis que les agneaux gambadent, précise Héliodore, les uns s'agrippant au rocher, les autres voulant s'échapper de la pierre précieuse dans laquelle le graveur les a enfermés quand il a ceint l'améthyste d'un fil d'or. Tout change constamment d'échelle, le point de vue se déplace allégrement et la finalité attendue se renverse en bouleversant le cours entier des événements. Le fin mot de cette représentation est celui qui présente la pierre gravée de l'anneau comme une scène montée sur des tréteaux, tel un théâtre improvisé et incongru à la campagne, artificielle scénette rustique montée par une troupe itinérante dans un « vrai » monde rural[2]. Le roman est le monde *montré*, monté telle une pièce animée sur la scène du monde, un monde virtuel tenant comme en surplomb du

---

1 Voir *supra*, note 15, la citation de ce passage du Livre V, XIV, 4 des *Éthiopiques* (ici je modifie légèrement la traduction citée dans le texte).

2 « On voyait aussi les bondissements légers des agneaux ; les uns en troupe montaient à l'assaut de la pierre, les autres s'amusaient à tourner autour du berger : évoluant d'un air

réel pour susciter un double effet : de « miroir » en même temps que de « bouclier » intime offert à chaque spectateur devenu acteur du moment.

La dénonciation de la *mimêsis* arrive à point nommé dans ce contexte précis. Le théâtre est le lieu par excellence pour mettre à l'épreuve les vertus de l'imitation. Mais nous sommes en plein dans la tourmente de la vie de transfuges menacés par les pires périls : la guerre, le rapt, l'esclavage, la torture, le crime. Rien ne suit le cours habituel de la nature puisque les campagnes et les rivages sont en proie aux pirates et ravagés par des bandes armées. La métaphore d'inspiration stoïcienne du berger et du troupeau, qui servait à décrire l'idéal éthique de l'*oikeiôsis*, est ici renversée. La représentation du paysage bucolique et de la scène pastorale doit accomplir, grâce à l'art, une fonction inappropriée à l'image de la conciliation et de l'harmonie : servir à une action marchande et peut-être, comme le chant du berger, *alias* Orphée, accomplir un acte « magique » capable non seulement de soumettre la nature à la volonté de l'homme, mais encore de supplier les dieux d'inverser l'enchaînement catastrophique des événements qui bouleversent l'harmonie et auxquels le lecteur d'Héliodore assiste médusé et impuissant s'il ne devine pas « qui » se cache derrière la description de l'anneau. S'il ne devine pas que sous les apparences il y a toujours un revers.

S'ensuit en effet une libération en échange de cet objet pourvu d'une image animée et des vertus d'un remède potentiel contre la fascination, contre l'ivresse et peut-être contre le désespoir aussi. En un mot : une libération en échange d'une « chose » pourvue à l'évidence de sagesse, remède contre l'ivresse, outre la valeur matérielle de la pierre et de l'or. Mais au fond, pourquoi interrompre un récit tendu, haletant au rythme d'aventures incessantes, pour s'attarder sur ce menu ouvrage gravé sous les eaux d'une précieuse pierre violette ? Pour dénoncer par une image suspendue dans la transparence, aussi délicate qu'incongrue et vaine, le péril qui guette la prise aux mots des apparences : succomber au trompe-l'œil romanesque entraîne le risque de se tromper à la fois de vie, de monde et d'être, de prendre la menace pour le mal et la promesse pour un bien accompli. L'artifice de la description joue dans le récit sur l'identité de l'objet face à la dissemblance de la représentation, bien que la nature gracieuse de la scène soit si animée, si vivante qu'elle semble « vraie ».

---

grave autour de ce rocher, comme des figurants autour d'un théâtre rustique (ποιμενικὸν θέατρον ἐπεδείκνυσαν τὸν κρημνόν). » (*ibid.* XIV, 3).

En réalité, l'anneau royal est non seulement le double visible de l'anneau à « pantarbe », la bague des fiançailles qu'aucun mot ne décrit, mais il devient aussi le double de la jeune fille, fruit de l'union royale accomplie sous le regard d'une image divine[1]. L'améthyste taillée se mue en « portrait » animé de Chariclée, de sa nature, de son caractère et de ses traits, si bien qu'il peut la remplacer et libérer ainsi la « vraie ». Il va de soi que ce « portrait » n'est pas mimétique puisqu'il doit faire office de « double » et qu'il se doit, à ce titre, de se montrer dissemblable à l'égard de son vrai modèle[2], en même temps qu'il feint d'être animé selon les moyens typologiques de ce qu'il montre et qu'il n'est pas : *locus amœnus* avec chant de flûte et jeux d'animaux familiers. Chariclée peut alors non seulement poursuivre son chemin à la quête de son origine et de son identité, mais dévoiler aussi sa fonction dans le récit, celle d'image du monde de la grâce et de l'ordre qu'Héliodore cherche à montrer et à rétablir ainsi. Il n'y avait aucune raison d'interrompre le fil du récit pour décrire un objet de parure, aussi précieux soit-il, aussi miraculeusement apparu dans le rituel comme une offrande de la part d'un dieu pour infléchir le destin des héros, si cette description n'avait pas à dire en outre quelque chose sur le roman lui-même, et peut-être sur les options philosophiques de son auteur, en prenant la distance et la liberté soudaine d'un regard détaché, sur le coup, des pouvoirs de la fiction.

---

1 Chariclée est la réplique vivante d'Andromède dont le tableau mythologique ornait la chambre nuptiale de ses parents, rois d'Éthiopie. Voir aussi *supra* page 68, note 2 ainsi que les passages de référence cités *infra*, en *Cahier II*. Remarquons, par ailleurs, le rôle sotériologique que les sophistes, comme de concert avec les dramaturges et les romanciers de l'Antiquité classique et tardive, accordent à l'image et au double : c'est à cause d'une image (celle de la beauté qui s'imprime dans l'âme), ainsi que par un dédoublement qu'Hélène aurait « en réalité » échappé à l'opprobre, voire au voyage même vers Troie (Gorgias, Euripide), comme c'est le tableau de son double divin, Andromède, qui est responsable du destin de Chariclée, à la fois pour son rejet et pour sa reconnaissance finale.

2 Sur le statut, les conditions de constitution et sur les usages littéraires du « double », voir M. Bettini, « Construire l'invisible. Un dossier sur le double dans la culture classique », *Mètis. Anthropologie des mondes grecs anciens*, N. S. 2, 2004 (Paris-Athènes, Éditions EHESS), p. 217-230. Voir aussi G. Brivio, *op. cit.*

UN PALAIS DANS UN TABLEAU DIPTYQUE OU L'ART DE FAIRE D'UN LIEU UN PORTRAIT

La technique ekphrastique d'Héliodore obéit aux règles communes du genre tout en produisant des effets uniques de renversements. On pourrait toutefois comparer ce mécanisme subtil de la description insérée dans une narration traditionnelle avec l'usage « moderne », propre à la Seconde Sophistique, dont se sert, environ un siècle plus tard, Nonnos de Panopolis pour décrire, dans un poème allégorique, un jardin avec des œuvres d'art : le jardin du palais royal que visite Cadmos dans les *Dionysiaques*[1]. Même jeu de renversement entre les fonctions et les apparences ; même visée précise à produire du vivant et à montrer du dedans ce qui définit l'être, jusqu'à en faire une représentation ou un portrait de tout autre chose que ce qui est décrit littéralement ; même usage de l'*ekphrasis* pour une mise en retrait du récit par un changement temporaire de registre de parole. On retrouve aussi, d'ailleurs, des similitudes de cadre : un décor tout aussi théâtral dans sa scénographie, et tout aussi animé, à sa manière, que celui de l'intaille dans l'améthyste d'Éthiopie chez Héliodore, ainsi qu'une vive insistance sur le décor naturel, celui d'un jardin avec verger cette fois-ci, non d'une bergerie, mais dissimulant sous l'aspect souriant, hédoniste, la même violence qui règne toujours sous les lois de la nature. L'imitation est encore mise à mal, mais avec d'autres moyens, propres cette fois-ci au récit allégorique. Et c'est encore la *phusis* qui fait l'objet véritable de la description, même si le décor naturel est circonscrit par des murs et regardé à travers de vrais/faux portiques de villa. La « réalité » décrite est celle d'une œuvre à la fois mimétique et dissemblable, « naturaliste » tout autant qu'artificielle, tandis que la description fait son ouvrage à l'aide d'autres moyens que ceux de la ressemblance, puisqu'elle ne copie pas mais décrypte le mécanisme de la création d'un objet et s'en sert pour pouvoir recréer par la parole un objet second, propre au récit. Cependant, si les moyens flirtent

1 Chant III, v. 131-183 (*op. cit. supra* page 26, note 1). Si la datation du roman d'Héliodore oscille entre le IIIe et le IVe siècle, pour Nonnos de Panopolis les historiens sont en général d'accord pour situer son grand poème allégorique vers le milieu du Ve siècle.

avec les innovations de la sophistique, le modèle est encore choisi dans l'œuvre homérique.

L'ouvrage décrit est, en effet, une œuvre savante dont le maître artisan n'est personne d'autre qu'Héphaïstos lui-même (Ἡφαίστου σοφὸν ἔργον)[1], le divin forgeron bot ayant à son actif de multiples ouvrages, des *daidalmata* conçus sur le modèle artisanal de l'alliage et du décor décrit par le « bouclier » épique. Mais, si l'ouvrage est dû au démiurge divin, la description est, elle, tout entière l'œuvre du regard – un regard qui concentre trois faisceaux visuels en même temps qu'une remémoration immanente : le regard est décrit à travers le mouvement évident des yeux de Cadmos ; celui-ci rend ainsi manifeste la vision du poète et induit celle du lecteur de l'allégorie, les deux ayant en toile de fond l'archétype de ce que voit Cadmos, en l'occurrence, le souvenir de la scène où Ulysse, en entrant, regarde attentivement le palais d'Alcinoos alors que lui-même n'est pas visible par ceux qui s'affairent à la cour[2]. Comme Homère, Nonnos insiste sur l'exercice de la faculté visuelle afin de décrire les matériaux étincelants et la technique merveilleuse de l'artisan forgeron métamorphosé en architecte. Cadmos scrute, promène son regard, contemple immobile[3], bien qu'en tournant tous azimuts ses yeux et changeant les expressions de son visage mobile, afin de saisir dans leur beauté et leurs éclats les décorations des parois, des seuils, des embrasures et du dôme central des toits[4], jusqu'à ce qu'il découvre, derrière l'écran architectural, le véritable joyau de l'artisan divin : le verger.

L'insistance de Nonnos sur l'errance du regard et sur la mobilité des yeux de Cadmos qui font le tour des merveilles du lieu, indique la nature de l'objet même de l'*ekphrasis* : en effet, Cadmos ne promène que ses yeux puisqu'il ne visite qu'un « tableau », un *souvenir* ou une *représentation*.

---

1 *Ibid.* v. 132. Voir *infra* en *Cahier II* la citation *in extenso* de ce passage ekphrastique.

2 *Odyssée*, chant VII, v. 81-135.

3 Cette « contemplation immobile » est encore une quasi citation d'Homère (ἔνθα στὰς θηεῖτο πολύτλας δῖος Ὀδυσσεύς, *Odyssée*, chant VII, v. 133).

4 Pour les lieux et bâtiments typologiquement proches de la description du palais décrit par Nonnos, voir P. Chuvin, *Notice* introductive au chant III (*op. cit.* p. 4-5) ; il s'agit d'un ordonnancement d'espaces et de la présence d'un dôme central qui seraient proches du palais de Dioclétien à Split et du palais de Constantin à Constantinople. De même, l'évocation des matériaux somptueux, travaillés par l'association de plusieurs techniques, ainsi que la présence d'automates anthropomorphes et zoomorphes, relèveraient, selon Chuvin, autant du travail de « marqueterie homérique » de l'écrivain, que de l'observation des constructions contemporaines de Nonnos.

Mais comme chez Héliodore, et comme c'est de mise dans l'usage du genre, deux *ekphraseis* s'emboîtent pour le prix d'une seule visite guidée. Bien qu'il ne soit qu'un enclos, le palais, avec ses matières d'élection, brillantes et finement ouvragées (δαίδαλα πολλὰ φέροντα)[1], le bronze forgé, le stuc blanc, les mosaïques et les marbres étincelants travaillés en assises, mérite à lui seul le regard[2]. Il faut cependant le traverser pour découvrir quelque chose d'encore plus merveilleux, le jardin que le palais entoure et protège jalousement des dangers extérieurs[3]. Le jardin, avec sa fontaine, ses statues d'or, ses automates et surtout le verger, est serti dans le palais comme une pierre précieuse dans le chaton d'un anneau de noces[4]. Mais dans le verger lui-même, l'aspect paradisiaque du lieu

1 *Dionysiaques*, v. 134.

2 Remarquons encore la « citation » des *topoi* homériques dans la description des matériaux du palais : seuil et parois de bronze, frises d'émail bleu, portes d'or aux montants et linteaux d'argent (*Odyssée*, chant VII, v. 83-90).

3 La référence reste le palais d'Alcinoos : « En sortant de la cour, près des portes, se trouve un grand jardin de quatre arpents tout entouré de murs. » (v. 112-113 ; trad. Ph. Jacottet, Paris, éd. La Découverte, 2000). Le jardin comprend un verger et des vignes, ainsi que deux sources, dont l'une arrose le jardin tandis que l'autre va à la ville. Les recoupements entre le passage *phéacien* de l'*Odyssée* et l'*ekphrasis* de Nonnos sont nombreux et symptomatiques pour l'art de la citation, car, de toute évidence, l'auteur des *Dionysiaques*, cite en même temps que l'*Odyssée* des relais classiques et tardifs des *topoi* homériques. J'y reviendrai.

4 Le palais, dit Nonnos, avait été construit par Héphaïstos pour les noces d'Électre (*Dionysiaques*, v. 132-133). Pour la description des matières ouvragées du palais : v. 134-140 et 180-184 ; pour le verger : v. 141-164, et pour le jardin avec fontaine, statues et automates : v. 165-183. Voir le passage cité *in extenso infra*, *Cahier II*. Le jardin comme lieu paradisiaque et comme « chambre » nuptiale est un vieux *topos* sophistique et biblique que la description de Nonnos reprend et développe à travers les allusions sexuelles nombreuses présentes dans l'évocation de la végétation féconde du verger. Rappelons avant lui, *et inter alia*, le *Banquet* de Méthode d'Olympe avec la métaphore renversée d'un banquet de femmes et d'une discussion sur la chasteté à travers l'évocation d'un jardin animé et d'une interprétation allégorique des vertus attribuées à des arbres pourvus de parole et de mouvement (*Discours* 10, II-VI, 260-278, éd. H. Musurillo, trad. V.-H. Debidour, Paris, Cerf, coll. S. C. 95, 1963, p. 287-303). Ainsi, la description de Nonnos se situe au croisement de la Seconde Sophistique et de la tradition biblique et patristique. La littérature et la rhétorique byzantines ultérieures sont remplies de descriptions similaires de jardins, descriptions purement littéraires, véritables « espaces textuels » de la sexualité : Ch. Barber, « Reading the Garden in Byzantium : Nature and Sexuality », in *Byzantine and Modern Greek Studies*, t. 16, Univ. of Birmingham, 1992, p. 1-19 (cit. p. 19) ; H. Maguire, « Imperial Gardens and the rhetoric of Renewal », in *New Constantines*, P. Magdalino (ed.), Variorum, Ashgate Publ. Hampshire, 1994, p. 181-197 ; *id.* « Nectar et illusion : art, nature et perception de la rhétorique à Byzance », in *La rhétorique au miroir de la philosophie. Définitions philosophiques et définitions rhétoriques de la rhétorique*, B. Cassin (éd), Paris, Vrin (2015).

rempli d'arbres, de fleurs et de fruits, d'ombres mouvantes, de couleurs chatoyantes, de fragrances rares portées par les brises et de saveurs opulentes de fruits mûrs, dissimule à son tour quelque chose de différent et d'inavouable, de surcroît. Le souvenir d'un meurtre plane encore dans « les lettres savantes des feuilles de jacinthe » (σοφοῖς ποικίλλετο φύλλοις γράμματα δενδρήεντα φιλοκλαύτων ὑακίνθων)[1]. Non, le forgeron bot ne s'est pas métamorphosé en jardinier, mais a fait de l'art du jardin un défi nouveau et inattendu pour son métier. Le mélange des genres touche à tous les registres et vise à produire par tous les moyens la stupeur, à défaut de résoudre les énigmes et les doutes inspirées par les mythes. Cependant, inséré dans la description, elle-même insérée dans le récit, le souvenir du meurtre joue le trouble-fête de la nature.

Les descriptions du verger et du jardin forment les deux faces de l'ouvrage divin décrit par Nonnos. L'une rappelle le meurtre du jeune Hyacinthos imputé par Apollon à la jalousie de Zéphyr, l'autre évoque l'animation artificielle nécessaire à la scénographie d'un *locus amœnus* métamorphosé en jardin. Mais l'une et l'autre ne sont que des *ekphraseis* d'*ekphraseis* : la première d'une *eikôn* célèbre de Philostrate, la seconde d'un jardin typique de villa romaine d'époque impériale maintes fois peinte ou décrite. L'écriture de Nonnos est gorgée de figures de style et d'allusions. Il faudrait des pages pour l'analyser en détail, se réjouir de ses astuces, admirer la subtilité des jointures et se laisser envahir par les sensations décrites avec finesse et étendues à toutes les émotions suscitées par des perceptions à fleur de peau[2]. L'artifice gagne en allant chercher la nature dans les émotions à peine visibles et les expressions les plus suaves du désir dans le corps fertile de la végétation : les tressaillements, le murmure, la rougeur chatoyante, la rosée du plaisir ou de la douleur, le mouvement léger du soupir engendré par un état plaintif de l'âme. Mais ce n'est qu'impression et surtout contraste avec le souvenir des convulsions dans la poussière du corps meurtri de l'adolescent frappé

1 *Dionysiaques*, v. 153-154.

2 Si Nonnos reprend le catalogue des arbres du verger d'Alcinoos (les poiriers, les pommiers, les grenadiers, les figuiers, les oliviers), il transforme cependant l'allusion au « doux Zéphyr » dans le cycle des saisons (*Odyssée*, chant VII, v. 119) en une allusion à la scène d'un tableau mythologique décrit par Philostrate. Nonnos anime le verger d'un souffle qui n'est pas seulement l'expression du vivant qui se régénère perpétuellement, comme chez Homère (*ibid.*, v. 117-121), mais aussi l'expression fidèle de toutes les passions de l'âme dont le verger constitue la figure métaphorique.

mortellement par un disque. Les yeux d'Apollon, aussi mobiles que ceux de Cadmos visiteur des lieux, signalent l'hésitation, le trouble, le repentir peut-être, du meurtrier caché derrière le vent printanier, ou du moins laisse planer le soupçon sur l'auteur véritable du crime[1]. La reprise de l'épisode décrit par Philostrate est frappante[2]. Mais ce n'est pas copie servile de l'œuvre rhétorique, car Nonnos ne s'en inspire à l'évidence que pour détourner à ses propres fins le thème mythologique lui-même non le « tableau » qui le présente dans la galerie factice de Naples et qui n'est certes pas le même que celui contemplé par Cadmos dans le palais royal de Byblos. Autrement dit, la description crée à chaque fois son objet, même s'il s'agit d'un seul et même référent mythologique ou rhétorique.

Le jardin est l'autre face du savant ouvrage d'Héphaïstos décrit par Nonnos à travers son reflet dans les yeux stupéfaits de Cadmos. Arrosé par une fontaine bifrons et par mille rigoles sinueuses (évocation du labyrinthe en version aquatique), animé par le murmure de l'eau au pied des lauriers, éclairé non par le soleil mais par les statues d'or porte-flambeaux[3], rythmé par les enfilades de chiens sculptés et égayé par les automates d'or et d'argent qui aboient et remuent la queue, le

1 *Dionysiaques*, v. 155-163.

2 Il s'agit du Tableau 24 des *Eikones* (Liv. I). Mais a-t-on déjà remarqué la composition à double fond de cette « image » ? La description ne concerne pas l'épisode du meurtre du jeune homme aimé par Apollon en même temps que par Zéphyros. Une *ekphrasis* de statue classique de discobole (*alias* Apollon) est de fait insérée dans le récit de l'épisode du crime « involontaire » qui donne lieu au mythe et explique l'origine de la jacinthe, dont les « feuilles savantes » sont évoquées aussi par Nonnos. Cette *ekphrasis* occupe la plus grande partie de l'évocation du « tableau ». La composition de l'ensemble se plie d'ailleurs sur la contorsion du discobole et suit son mouvement hélicoïdal. En même temps le regard tangue, obligé à un va-et-vient entre le plan le plus rapproché, explicitement mentionné, où se déroule la gestuelle inconsciemment meurtrière du jeune éphèbe, et le registre céleste dans lequel s'exprime, ricanant, le vent ignare (ἀμαθής), puissance de la nature exempte de la sagesse et de la grâce des artisans et des dieux. Certes, on pense aussi à cet autre mythologème qui met en scène le mouvement invisible du vent, Borée, en l'occurrence, dans l'épisode de l'enlèvement d'Orithye, évoqué au début du *Phèdre* dans un cadre « naturel » composé, lui aussi, à partir de références homériques.

3 Les statues en or d'adolescents (χρύσειοι κοῦροι) porteurs de flambeaux sont encore un emprunt possible à la description du palais d'Alcinoos (*Odyssée*, chant VII, v. 100-102). Mais le *topos* est extrêmement répandu. Voici un écho chez Lucrèce, lui-même relais (critique, en l'occurrence) des traditions hellénistiques et romaines de descriptions de villas et de jardins : « Il est parfois plus agréable, et la nature est satisfaite, / si l'on ne possède statues dorées d'éphèbes / tenant en main droite des flambeaux allumés / pour fournir leur lumière aux nocturnes festins, [...] ([...] *si non aurea sunt iuuenum simulacra per aedes* /

jardin est le résultat merveilleux de tous les arts mécaniques et de tous les savoirs botaniques réunis[1]. La description passe en revue des rayons, des éclats, des lueurs et des ombres, des surfaces rutilantes qui captent les apparences mais ne les retiennent pas, et surtout des mouvements factices provenant d'êtres contrefaits, doués de voix, de mouvement et d'intelligence (ἔμφρονες)[2] mécanique, artificielle... sans jeu de mots. Autant le verger est animé par le désir crépitant dans les feuilles au gré du vent, autant le jardin apparaît comme métallique et figé, traversé par le seul mouvement contrôlé des canaux d'eau et ponctué par des astuces de mécanique hydraulique[3]. En contrepoint du verger, dont l'opulence

---

lampadas igniferas manibus retinentia dextris / lumina nocturnis epulis ut suppeditentur, ...) », *De rerum natura*, II, 23-26 (trad. J. Kany-Turpin, Paris, GF, 1997).

1 Le thème rhétorique et littéraire des jardins impériaux byzantins peuplés d'automates zoomorphes perpétue pendant plusieurs siècles la tradition de ce type de reconstitution complètement artificielle d'un espace vert et vivant, souvenir lointain des jardins des villas romaines. Appelé *paradeisos*, « paradis » dans la topologie du palais impérial, et réservé exclusivement à la promenade de l'empereur, le jardin est moins une présence, une évidence matérielle, qu'une métaphore de la féminité, de la nature et de la procréation. Dans la rhétorique byzantine, le jardin est d'ailleurs appelé *jeune épouse*, printemps perpétuel, nouvelle création, nouveau monde, nouvelle victoire sur l'état sauvage ou sur le chaos. Le temps cyclique et donc les saisons y sont exclu(e)s ; comme chez Homère, les fruits ne font jamais défaut et se juxtaposent par conséquent aux fleurs en signe de fécondité sans interruption. Un mur haut protège le jardin de tout coup d'œil intempestif et de tout excès de vent, de lumière, de chaleur. Dans ces conditions, l'entrée de l'Empereur est comparée à l'arrivée du soleil attendue par toutes les fleurs. Jean le Géomètre (Xe s.) décrit dans deux lettres le jardin impérial comme constituant à la fois le centre du monde et un milieu propice à la maîtrise du langage, à l'adéquation de la description à son objet et à toutes les autres demandes de l'art verbal. Comme le décrivent H. Maguire et Ch. Barber (articles cités *supra*), le jardin est perçu comme le lieu d'excellence pour l'exercice des vertus complémentaires de la rhétorique et de l'amour galant. Les descriptions plus tardives restent fidèles au modèle décrit par Nonnos. Ainsi l'évocation du jardin de l'empereur Théophile (dernier empereur iconoclaste, 829-842), ou bien les romans byzantins (*Hysmine et Hysminias*, XIIe s., *Dighenis Akritas*, vers 1100, plus tard *Kallimachos et Chrysorrhoe* ou *Achillès*, XIVe s.), présentent-ils des lieux remplis de kiosques, de statues de divinités antiques, d'automates et de diverses autres merveilles techniques, et surtout de pavillons où se retirent les amoureux et qui sont décorés de peintures qui représentent à leur tour des jardins semblables et des lieux bucoliques. Plus elles sont tardives, plus les descriptions affectionnent le procédé de mise-en-abîme du vrai et de l'artifice, technique littéraire qui remplace le dédoublement initial et l'usage apotropaïque de l'*ekphrasis*-bouclier de l'existant.

2 *Dionysiaques*, chant III, v. 174-179. À la différence de l'« animé », *empsukhos*, qui se dit d'un discours ou d'une image, *emphrones*, doué d'intelligence, est le terme le plus souvent utilisé pour désigner l'automate.

3 Rappelons la comparaison, de vieille tradition philosophique, entre le système d'irrigation d'un jardin et le système sanguin du corps d'un vivant. La comparaison apparaît explicitement

végétale cache habilement le crime originaire inscrit dans les lois de la *phusis*, le jardin, l'autre face de l'œuvre, présente donc une nature à laquelle rien de la beauté exemplaire ne fait défaut à l'exception de la vie elle-même, paradoxe absolu, si du moins tel était le but de l'*ekphrasis*, à savoir de montrer de l'intérieur la mécanique paradoxale du vivant qui actualise le visible et le met à la disposition du *logos*.

Deux volets de la puissance naturelle, sauvage et maîtrisée, comme deux formes de manifestation du vivant, comme deux parties de l'âme, comme deux faces du « même » : le *vrai* et le *vraisemblable*. Telle une image allégorique du corps, ou plus précisément tel un vaste portrait aniconique du vivant, le palais apparaît en somme comme un lieu unique entouré de murailles et de portiques, fermé et ouvert en même temps, et comportant à l'intérieur, en deux images, les deux composantes complémentaires de l'âme : d'une part les facultés sensitives assurant nourriture et procréation, de l'autre les facultés intellectives dévolues à l'organisation de l'espace et à l'invention, fruit des savoirs et de l'habileté de l'homme. Nonnos ne semble pas suivre les définitions tripartites ou quadripartites de la *psukhê* des philosophes, mais présente une structure binaire, en accord avec les exigences du parti pris littéraire qui font de la description le lieu d'une mise en abîme des *tekhnai* de l'écriture et des arts de la représentation (peinture, sculpture, architecture), afin d'agir sur l'ensemble des ressorts de la perception et de l'intellection (vision, mémoire, imagination, interprétation). Peut-être cette structure binaire est-elle aussi un écho de ses options gnostiques en matière de théologie[1], ou est-elle seulement une réduction due au jeu des genres, jeu de complémentarités et d'oppositions que joue ici la description entre les registres naturaliste et allégorique de la parole.

Il faut toutefois remarquer, à travers ces deux exemples des IIIe/IVe et Ve siècles, parmi tant d'autres de la fin de l'Antiquité, qu'entre l'usage

chez Platon (*Timée*, 77c-78a) et chez Aristote (*Parties des animaux* III, 5, 668a 7 *sq.* et *Histoire des animaux*, III, 2, 511b 31-35 et 512a 20-24), mais sa source pourrait être un passage du traité sur la nature de Diogène d'Apollonie (fragm. 10, *apud* Simplicius). Sur cette comparaison, voir R. Bodéüs, « Les jardins irrigués et le système vasculaire selon Aristote », in *Kêpoi. De la religion à la philosophie*. Mélanges offerts à André Motte, sous la dir. de É. Delruelle et V. Pirenne-Delforge, Presses Univ. de Liège, 2001 (p. 201-211).

1 Nonnos de Panopolis, dont rien ne dit dans les *Dionysiaques* qu'il pourrait être chrétien, est considéré par une partie de l'historiographie de spécialité comme étant aussi l'auteur présumé d'un commentaire de l'Évangile de Saint Jean.

de l'*ekphrasis* par Héliodore et celui qui vient d'être évoqué chez Nonnos de Panopolis il y a néanmoins une différence qui dépasse la simple distinction des genres entre l'épique et l'allégorique. La rupture qui se fait jour comporte d'autant plus de signification conceptuelle que la continuité apparente semble assurée par l'exercice avec succès du genre ekphrastique et par la relation toujours fidèle de la description avec le récit et avec les *topoi* homériques. Cependant, la description chez Nonnos n'est plus le double discursif d'une « pantarbe », d'un *logos*-bouclier symbolique, mais se mue en parabole. Héphaïstos lui-même a changé subrepticement d'identité : le forgeron bot est devenu l'artisan de l'être même, non de son bouclier, et maintenant il apparaît en véritable créateur de l'homme, l'œuvre la plus « belle » de la création. Ce qui change ne concerne ni la technique littéraire, avec son jeu de substituts et ses points de vue tiers, ni l'opposition de fond de l'*ekphrasis* à la *mimêsis* par une dénonciation plaisante des œuvres qui en sont les produits de luxe : le trompe-l'œil, la figuration des mythes qui rend la peinture semblable à la philosophie[1], les vergers paradisiaques avec des feuilles et des fleurs savantes comme les sophistes[2], les labyrinthes qui figurent la pensée et bien sûr la kyrielle des astucieux automates qui chantent sur une branche, crachent de l'eau, dansent mécaniquement comme des mimes, aboient, sautent et remuent la queue[3]. C'est le plan constitutif de l'individu qui disparaît au profit d'une mutation subie par le statut du *logos*. Ce qui change concerne le pouvoir de faire des mots ce feu de paille capable d'écarter le pire des dangers, celui qui suscite le plus grand des effrois : la peur de l'oubli, du non-être, de l'effacement des traces de l'existant, de la perte de l'identité. La parole ne se mesure plus à la divine technique qui ordonne, structure, organise à partir du multiple

1 On aura reconnu l'allusion à Philostrate : φιλοσοφεῖ δὲ ἡ γραφὴ καὶ τὰ τῶν Μύθων σώματα. (*Eikones*, I, 4, 10-11), in Philostratus the Elder, the Younger, *Imagines*, Cambridge MA, Harvard Univ. Press, 1979.

2 Expression empruntée à Nonnos (v. 153-154), citée *supra*.

3 Ces « merveilles » des *tekhnai* anciennes et modernes font partie de la culture rhétorique. On les retrouve aussi chez les auteurs chrétiens de la même époque, chez Grégoire de Nazianze, par exemple, dans ses nombreuses épigrammes et dans ses discours. Un passage de l'*Oratio* 28 (25, 17-25) cite précisément des œuvres d'art et des merveilles techniques qui rivalisent avec la nature et pour lesquelles la meilleure manière d'en rendre compte est celle des poètes rivalisant eux-mêmes avec l'habilité sophistique des arts (τῆς τέχνης σοφίσμασι). Je cite et analyse ce passage dans « Philosophie, rhétorique ou théologie ? Du platonisme littéraire et critique chez Grégoire de Nazianze », *Chôra*, 6, 2008 (p. 59-100 ; *loc. cit.* p. 80).

un ensemble cohérent, à même d'induire l'unité dans laquelle se situe le singulier en faisant se réfléchir dans chaque individu la mécanique subtile du vivant universel. La parole en prend dorénavant tout simplement la place comme si, ne pouvant plus faire office de partenaire de ce qui est, ni se laisser déborder par ce qui n'est pas dans sa puissance, elle se substituait alors, de force, à l'être lui-même.

CAHIER II
Héliodore et Nonnos de Panopolis : le portrait et l'image de l'être par *ekphraseis* interposées

HÉLIODORE, *LES ÉTHIOPIQUES*

Les deux anneaux de Chariclée : le pouvoir sur soi grâce à une « pantarbe » (attrait de l'aimant et magie de l'invisible à la fois) ; le portrait du vivant déployé comme paysage et comme scène de théâtre dans une améthyste sertie d'or.

La « pantarbe », récupération et préservation de l'identité ; le récit bouclier.

VIII. 5. [...] Le roi attendait un héritier de son sang. Tu vins au monde blanche, ton teint clair n'était pas celui de la race éthiopienne. J'en savais bien la raison (ἐγὼ μὲν τὴν αἰτίαν ἐγνώριζον). Pendant l'étreinte de mon mari, j'eus sous les yeux une peinture qui représentait Andromède (ὅτι μοι παρὰ τὴν ὁμιλίαν τὴν πρὸν τὸν ἄνδρα προβλέψαι τὴν Ἀνδρομέδαν ἡ γραφὴ), complètement nue, au moment où Persée la fait descendre du rocher, et le germe avait pris malheureusement la ressemblance de l'héroïne (ὁμοιοειδὲς ἐκείνῃ τὸ σπαρὲν οὐκ εὐτυχῶς ἐμόρφωσεν). 6. Je pris le parti de me soustraire à une mort ignominieuse, car j'étais sûre que la couleur de ta peau me ferait soupçonner d'adultère et que personne n'ajouterait foi au récit de cette aventure extraordinaire. Je décidais de te confier à un hasard incertain, [...] Je te couvris de parures (κοσμήσασα) et t'enveloppai de cette bande sur laquelle j'ai tracé ta lamentable histoire et la mienne (ἐλεεινῷ διηγήματι τῷ σῷ κἀμαυτῆς, ἐνειλήσασα), [...]. 7. Mais, toi, ma douce fille d'un jour, si tu survis, n'oublie pas ta noble origine ; [...] Souviens-toi surtout (μεμνήσῃ δὲ πρὸ πάντων) de rechercher et de conserver avec soin, parmi les objets exposés avec toi, un anneau (δακτύλιόν). C'est la bague de fiançailles que ton père m'a donnée ; la devise royale est gravée tout autour ; le chaton est orné d'une pierre appelée pantarbe, douée d'une secrète vertu (ὃν πατὴρ ὁ σὸς ἐμοὶ παρὰ τὴν μνηστείαν ἐδωρήσατο βασιλείῳ μὲν συμβόλῳ τὸν κύκλον ἀνάγραπτον λίθῳ δὲ παντάρβῃ καὶ ἀπορρήτῳ δυνάμει τὴν σφενδόνην καθιερωμένον). 8. Voilà ce que j'aurais voulu te dire de vive voix ; je dois me contenter de l'écrire, puisque le sort m'a privée de ta présence et de ta vivante société (Ταῦτα σοι διείλεγμαι τὸ γράμμα διάκονον εὑραμένη, τὰς ἐμψύχους καὶ ἐν ὀφθαλμοῖς ὁμιλίας τοῦ δαίμονος στερήσαντος). Je ne sais si mon message restera muet et inutile ou s'il doit un jour te rendre service. L'avenir est incertain et échappe à la connaissance des hommes (τὸ γὰρ ἄδηλον τῆς τύχης ἀνθρώποις ἄγνωστον). (Livre IV, VIII, 5-8)[1]

X. 2. La façon extraordinaire dont j'ai été préservée, disait-elle [Chariclée vient d'échapper aux flammes du bûcher grâce à son anneau à la *pantarbe*], semble bien être le fait de la providence divine et un bienfait du Ciel. Mais toutes les épreuves qui nous accablent sans répit, les tourments qui nous affligent paraissent prouver que les dieux s'acharnent contre nous et que leur colère nous poursuit. À moins que ce ne soit là un miracle (θαυματοποιΐα) opéré par une divinité (δαίμονος) qui se plairait à nous jeter dans les pires dangers pour nous sauver ensuite d'une situation désespérée. (Livre VIII, X, 2)

XIV. 7. « [...] Quant à la difficulté qui résulte de la couleur, elle est résolue par l'inscription de la bande (κατὰ τὴν χροιὰν ἀπορίας φράζει μέν σοι καὶ ἡ ταινία τὴν λύσιν). Persinna y avoue qu'elle s'imprégna des traits d'Andromède et conçut à la ressemblance de son portrait l'enfant né de son union avec toi [le roi d'Éthiopie] (ὁμολογούσης ἐν αὐτῇ ταυτησὶ Περσίννης ἐσπακέναι τινὰ εἴδωλα καὶ φαντασίας ὁμοιοτήτων <ἀπὸ τῆς κατὰ τὴν Ἀνδρομέδαν πρός σε ὁμιλίας ὁρωμένην>[2]). Si tu veux d'autres preuves, il t'est facile d'examiner le modèle, Andromède : son image ressemble exactement à cette jeune fille (Εἰ δ' οὖν καὶ ἄλλως πιστώσασθαι βούλει, πρόκειται τὸ ἀρχέτυπον · ἐπισκόπει τὴν Ἀνδρομέδαν ἀπαράλλακτον ἐν τῇ γραφῇ καὶ ἐν τῇ κόρῃ δεικνυμένην). »

XV. 1. On chargea des serviteurs d'allers décrocher le tableau et de l'apporter. Ils le dressèrent à côté de Chariclée (τὴν εἰκόνα προσταχθέντες ... τῆς Χαρικλείας). [...] Devant une si parfaite ressemblance, tous éprouvaient un plaisir extrême et une sorte de stupeur (πρὸς τὸ ἀπηκριβωμένον τῆς ὁμοιότητος σὺν περιχαρείᾳ ἐκπλαγέντων). Si bien qu'Hydaspe lui-même ne pouvait plus douter (Ὑδάσπην οὐκέτι μὲν ἀπιστεῖν ἔχειν) ; il demeura longtemps immobile, saisi de joie et d'étonnement (ἐφεστάναι δὲ πολὺν χρόνον ὑφ' ἡδονῆς ἅμα καὶ θαύματος ἐχόμενον). (Livre X, XIV, 7 et XV, 1)

Un paysage bucolique et une scène de théâtre dans une améthyste gravée ; la bague comme portrait.

XIII. 2. Ils se rendirent au temple d'Hermès, à qui Nausiclès offrait ce sacrifice, car il avait une dévotion particulière pour le dieu du commerce et des marchands. Dès que les victimes eurent été immolées, Calasiris observa un moment leurs entrailles et montra par ses jeux de physionomie (τοῦ προσώπου τροπαῖς) qu'il lisait un avenir mêlé de plaisirs et de peines.

1 Tous les fragments sont cités dans la traduction de J. Maillon.

2 Les éditeurs, Rattenbury et Lumb, signalent une corruption de ce passage et plusieurs versions, mais qui ne changent pas fondamentalement le sens de la phrase. J'ai suivi leur restitution.

Puis le voilà qui porte les mains sur l'autel en murmurant des invocations, et faisant semblant d'extraire du feu ce qu'il avait pris soin d'apporter avec lui (ἃ πάλαι ἐπεκομίζετο). « Voici, dit-il, Nausiclès, la rançon de Chariclée. Les dieux me chargent de te l'offrir. » 3. Et il lui remet un anneau royal, œuvre merveilleuse et divine (καὶ ἅμα ἐνεχείριζε δακτύλιόν τινα τῶν βασιλοκῶν ὑπερφυές τι χρῆμα καὶ θεσπέσιον). Il était en ambre ; au chaton brillait une améthyste d'Éthiopie, aussi large que l'œil d'une jeune fille (τὸν μὲν κύκλον ἠλέκτρῳ διάδετον ἀμεθύσῳ δὲ Αἰθιοπικῇ τὴν σφενδόνην φλεγόμενον, μέγεθος μὲν ὅσον ὄμμα παρθενικὸν περιγραφῇ κάλλος δὲ μακρῷ), et beaucoup plus belle que les améthystes d'Espagne et de Bretagne (τῆς Ἰβηρίδος τε καὶ Βρεττανίδος ὑπερφερούσῃ). Celles-ci, en effet, d'un rouge pâle, faiblement colorées, rappellent les boutons de roses qui commencent à s'épanouir et à rougir aux rayons du soleil. 4. L'améthyste d'Éthiopie est d'une eau très pure et lance, des profondeurs de la pierre, des feux d'une vivacité printanière (Ἀμεθύσου δὲ Αἰθιοπίδος ἀκραιφνὴς μὲν καὶ ἐκ βάθους ἐαρινή τις ὥρα πυρσεύεται). Si on la fait tourner dans sa main, elle jette un rayon doré, qui n'éblouit pas les yeux par une lueur trop ardente, mais les caresse de sa douce lumière (εἰ δὲ κατέχων περιτρέποις ἀκτῖνα προσβάλλει χρυσῆν οὐκ ἀμαυροῦσαν τραχύτητι τὴν ὄψιν ἀλλὰ φαιδρότητι περιλάμπουσαν). Aussi possède-t-elle une vertu plus efficace (δύναμις αὐτῇ γνησιωτέρα) que celles d'Occident et ne fait pas mentir son nom. Celui qui la porte est vraiment préservé de l'ivresse, et, grâce à elle, reste sobre au milieu des festins.

XIV. 1. Telles sont toujours les améthystes de l'Inde et d'Éthiopie, mais celle que Calasiris offrait à Nausiclès était encore plus belle (μακρῷ καὶ ταύτας ἐπλεονέκτει). C'était une intaille sur laquelle était gravée une scène animée (γραφῇ γὰρ ἔξεστο καὶ εἰς μίμημα ζῴων ἐκεκοίλαντο). 2. On avait représenté (ἦν ἡ γραφή) un jeune pâtre en train de garder ses moutons. Debout sur une pierre qui formait une légère saillie, pour surveiller ses bêtes, il faisait paître son troupeau au son d'une flûte traversière (πλαγίοις αὐλήμασι). Les moutons semblaient l'écouter et régler leur marche à travers le pâturage à la cadence de la flûte (τῆς σύριγγος ποιμαινόμενα). On eût dit qu'ils étaient chargés de toisons d'or (χρυσοῖς βεβριθέναι τοῖς μαλλοῖς) : non pas que cet effet si gracieux fut l'œuvre de l'artiste (οὐ τῆς τέχνης τοῦτο χαριζομένης), il était dû à la couleur même de l'améthyste dont les chauds reflets brillaient sur leur dos. 3. On voyait aussi les bondissements légers des agneaux ; les uns en troupe montaient à l'assaut de la pierre, les autres s'amusaient à tourner autour du berger : évoluant d'un air grave autour de ce rocher, comme des figurants autour des tréteaux d'un théâtre rustique (οἱ δὲ περὶ τὸν νομέα κύκλους ἀγερώχους ἐξελίττοντες ποιμενικὸν θέατρον ἐπεδείκνυσαν τὸν κρημνόν). D'autres gambadaient comme au soleil sous les feux brillants de l'améthyste et dans leurs bonds posaient seulement sur la pierre l'extrémité de leurs pieds (ἄλλοι δὲ ὥσπερ ἡλίῳ τῇ φλογὶ τῆς ἀμεθύσου γανύμενοι ἅλμασιν ἀκρωνύχοις τὴν πέτραν ἐπέζεον). 4. Les plus âgés et les plus hardis semblaient vouloir sauter en dehors de l'améthyste (Ὅσοι δὲ αὐτῶν πρωτόγονοι τε καί θρασύτεροι, καὶ ὑπεράλλεσθαι βουλομένοις τὸν κύκλον), mais ils en étaient empêchés par le chaton, barrière d'or dont l'artiste avait entouré le troupeau et la pierre (ἐῴκεσαν εἰργομένοις δὲ ὑπὸ τῆς τέχνης ὥσπερ εἰ μάνδραν χρυσῆν τὴν σφενδόνην αὐτοῖς τε καὶ τῇ πέτρᾳ περιβαλλούσης). Pierre véritable et non pas figurée (ἡ δὲ ἦν πέτρα τῷ ὄντι καὶ οὐχὶ μίμημα). L'ouvrier s'était borné à rogner le bord de l'améthyste et avait représenté ainsi au naturel ce qu'il voulait montrer, jugeant inutile d'imiter une pierre sur une pierre (εἰς τοῦτο περιγράψας ὁ τεχνίτης ἔδειξεν ἐκ τῆς ἀληθείας ὃ ἐβούλετο, περίεργον ἡγησάμενος λίθον ἐν λίθῳ σοφίζεσθαι). Tel était cet anneau (τοιοῦτος ὁ δακτύλιος).

XV. 1. Nausiclès, saisi d'admiration devant cette merveille (ἐκπλαγείς τε ἅμα πρὸς τὸ παράδοξον), fut surtout heureux de voir une pierre si précieuse qui valait bien à elle seule, pensait-il, toute une fortune. « Je plaisantais, mon bon Calasiris, dit-il ; c'était seulement pour parler que je réclamais une rançon. Mon intention était de te rendre ta fille sans te faire rien payer. 2. Mais comme vous dites, il ne faut pas refuser les riches présents des dieux (θεῶν ἐρικυδέα δῶρα). J'accepte donc cette pierre que le ciel m'envoie (θεόπεμπτον ταυτηνὶ λίθον). Je suis sûr qu'elle me vient de Mercure, le meilleur et le plus bienveillant des dieux, qui me prouve une fois de plus sa générosité. C'est lui qui m'a fait parvenir ce présent que tu as trouvé à travers les flammes. Il ne faut pas douter : on le voit bien à travers les feux dont il brille (ὁρᾶν γοῦν πάρεστι τῇ φλογὶ περιλαμπόμενον). D'ailleurs, à mon sens, il n'y a pas de gain plus honnête que celui qui, sans rien coûter à celui qui donne, enrichit celui qui reçoit. » [...] Chariclée cependant, retirée à l'écart (χωρισθεῖσα), s'occupait à prier les dieux de sauver Théagène et de le conserver. (Livre V, XIII, 2-4, XIV, 1-4, XV, 1-3)

NONNOS DE PANOPOLIS, *LES DIONYSIAQUES*

Le palais avec verger et jardin d'Héphaïstos : les deux volets de la nature de l'homme, la nature sensitive et la nature intellective.

Mais, tandis que Cadmos parcourt les méandres des rues populeuses, il voit paraître au loin l'accueillant palais royal (τηλεφανὴς βασιλῆος ἐφαίνετο πανδόκος αὐλή), dressé sur ses colonnes ; alors Persuasion pour Cadmos étend le doigt, clair indice qui supplée au langage, et lui montre par cet interprète silencieux la demeure qui jette mille feux (τανυσσαμένη τότε Κάδμῳ / δάκτυλον ἀντιτύποιο νοήμονα μάρτυρα φωνῆς / σιγαλέῳ κήρυκι δόμον σημήνατο Πειθὼ / ποικίλον ἀστράπτοντα). Puis la déesse [ici : Aphrodite, en déesse de la Persuasion], reprenant sa forme (αἰθέρα δύσατο δαίμων ἀλλοφανής), disparaît dans les airs d'un bond de sa sandale ailée.

Et Cadmos, laissant errer ses regards, examine le palais (δόμον ἐσκοπίαζεν ἀλήμονι Κάδμος ὀπωπῇ). C'est le savant ouvrage d'Héphaistos (Ἡφαίστου σοφὸν ἔργον), qu'un jour, pour les noces d'Électre, l'ouvrier de Lemnos a bâti avec l'art de Myrina ; qu'il porte une riche décoration (δαίδαλα πολλὰ φέροντα) ! Bâti depuis peu, l'édifice a un seuil de bronze habilement forgé ; de chaque côté de l'embrasure s'élèvent les montants des portes ciselées ; le sommet s'arrondit en un dôme qui couronne le centre du toit. Le revêtement du mur est fait du mosaïques prises dans un stuc blanc, de l'entrée jusqu'au fond. – Tout près s'étend le verger du palais, qui croule sous les fruits de ses arbres, humide de rosée, sur quatre arpents devant la demeure. Et le palmier mâle, rapprochant son feuillage du palmier femelle, lui atteste son désir ; le poirier aux fruits luisants (ἀγλαόκαρπος), qui croît près d'un poirier de même âge, murmure sous le vent du matin ; il s'incline et vient battre de l'extrémité de ses branches la souche voisine d'un olivier onctueux. Sous les brises printanières, le feuillage des myrtes ondule près du laurier qui le repousse ; un souffle parfumé agite la roide chevelure du cyprès touffu. Et, sur le figuier sucré, sur le grenadier juteux, le fruit rougissant croît près du fruit violet qui le touche ; la pomme s'épanouit près de la pomme voisine. À profusion, sur les savants pétales chers à Phoibos, chatoient les lettres végétales des jacinthes plaintives (Πολλὰ δὲ Φοιβείοισι σοφοῖς ποικίλλετο φύλλοις / γράμματα δενδρήεντα φιλοκλαύτων ὑακίνθων) ; et, tandis que les souffles de Zéphyr parcourent le jardin fertile, insatiable de désir, Apollon darde les rayons de ses yeux mobiles (ἄστατον ὄμμα τί ταινε πόθων ἀκόρητος Ἀπόλλων) ; à voir la plante de l'adolescent agitée par la brise, il se souvient du disque, et gémit de crainte que le vent jaloux ne lui fasse du mal jusque dans ses pétales – si vraiment, un jour, à le voir se convulser dans la poussière, Apollon laissa tomber une larme de ses yeux qui ignorent les pleurs, et si la fleur reproduit par sa forme les larmes de Phoibos (καὶ τύπος ἀνθεμόεις μορφώσατο δάκρυα Φοίβου), la jacinthe qui porte inscrit le signe de sa plainte spontanée (αἴλινον αὐτοκέλευστον ἐπιγράψας ὑακίνθῳ). Tel est le verger ombreux. Auprès, une fontaine à deux bouches : l'une donne à boire aux gens de la ville ; de l'autre, le jardinier conduit par un canal l'eau vers mille rigoles sinueuses, de plante en plante ; comme s'il venait de Phoibos, le courant murmure auprès de la souche du laurier à la voix mélodieuse et douce.

Et une foule de belles statues d'or dressées sur un socle de pierre – des jeunes gens – (Καὶ πολὺς εὐποίητος ἐρεισάμενος πόδα πέτρῳ / χρύσεος ἵστατο κοῦρος…) présente aux convives les flambeaux qui le soir éclairent les festins. En foule également, dans le silence que l'art leur impose (τεχνήμονι σιγῇ), des files de chiens que l'on croirait vrais, les membres identiques, doués d'intelligence (ἔμφρονες), la gueule ouverte dans un bâillement factice, se tiennent aux portes, de chaque côté. Chien d'argent et chien d'or, voisins, aboient ensemble à gorge déployée pour saluer les familiers. Comme Cadmos s'avance devant eux, ils font entendre, de leur voix d'automates (μιμηλῆς… βοῆς), des sons hospitaliers et agitent leur queue factice en signe de tendre affection.

Pendant que Cadmos, de son visage mobile, portant les yeux çà et là, reste à contempler le jardin des princes, les reliefs, toute la beauté des peintures du palais, éblouis par le scintillement des assises de marbre (Ὄφρα μὲν εἰδέτι Κάδμος ἐυστρέπτοιο προσώπου / ὄμματα δινεύων διεμέτρεε κῆπον ἀνάκτων / καὶ γλυφίδας καὶ κάλλος ὅλον γραπτοῖο μελάθρου, / λαϊνέων ὀρόων ἀμαρύγματα φαιδρὰ μετάλλων), Émathion quitte la place publique et les querelles du peuple, dans tout son éclat, assis sur la croupe d'un cheval au plumet dressé ; maître de la Samos de Thrace, séjour d'Arès, il s'arrête à la demeure royale de sa mère Électre. (Chant III, v. 124-187)[1]

1 Le fragment est cité dans la traduction de P. Chuvin.

RHÊTORIKÊ

La description en tant qu'exercice rhétorique ou comment la beauté, tel un rêve, devient un rempart pour le vivant. Le démiurge de la parole en berger ou le portrait d'Homère.

Changement de décor. On descend à la campagne, à la rencontre d'un paysage *vrai*, bien que multiple et vivant, changeant au gré des lois de la nature. Cette fois-ci l'image du monde n'apparaît ni sur un bouclier, ni dans une bague, ni dans un tableau, mais est censée se donner *en vrai*, à travers la manière dont le monde se déploie naturellement et est en même temps sur-ordonné ; habité, le lieu décrit est donc ré-agencé jusqu'aux racines mêmes des genres et des espèces qui composent et structurent l'univers naturel. C'est Grégoire de Nysse qui nous y emmène et son dessein n'est pas épique mais relève explicitement, à en croire l'auteur, d'un exercice rhétorique sous forme épistolaire[1]. Pourtant, tous les repères déjà signalés comme marqueurs du dépassement des enjeux rhétoriques d'une description sont ici aussi présents. S'il s'agit bien d'une « œuvre d'art » (*grandeur nature*) comme support premier de la description et du surcroît de visibilité produite par une *ekphrasis*, il est tout autant question

1 Il s'agit de la *Lettre* 20 « Au scholastikos Adelphios » (*op. cit. supra*). Toute la lettre, relativement longue (7 p. dans l'édition citée), est une *ekphrasis* respectueuse dans le détail des règles du genre. Grégoire raconte à son correspondant (personnage auquel Grégoire de Nazianze et Libanios aussi ont adressé des épîtres) la visite d'un domaine riche et vaste, comportant jardins, vergers, portiques, bassins remplis de poissons « apprivoisés » (comble des merveilles par lesquelles l'art surpasse la nature) et plusieurs demeures richement décorées de peintures. La description est une belle démonstration d'éloquence et de force d'évocation, de culture et de talent d'écriture. Homère est de loin le plus cité (au moins 5 occurrences) ; mais d'autres poètes (Hésiode, Pindare, Ménandre etc.), ainsi que des lieux et des mythes antiques sont également convoqués, en nombre, pour donner à la description l'épaisseur littéraire et les significations que le Cappadocien le plus féru de la culture et de l'élégance de la Seconde Sophistique voulait transmettre à son ami intellectuel. Pour la culture rhétorique de l'évêque de Nysse, voir l'ouvrage classique de L. Méridier, *L'influence de la seconde sophistique sur l'œuvre de Grégoire de Nysse*, Rennes, 1906.

du lien que cette dernière entretient toujours avec le récit et, en outre, il s'agit de référer encore à Homère cette parole fondatrice d'évidences internes au discours. Homère est en effet cité soit nommément, soit par des bribes de vers et des fragments d'images interposées, car les *topoi* homériques sont connus de tous par cœur et, encore pour quelques siècles dans tous les milieux intellectuels des contrées orientales de l'Empire, leur évocation constitue le moyen le plus répandu d'ouvrir les yeux des contemporains sur des réalités singulières, naturelles ou techniques, dont est pourvu le monde immanent ou le monde imaginaire des artistes. On « voit » encore tout grâce aux figures des épopées, puisque la transmission de l'expérience n'a aucune prise en dehors des relais d'une culture commune ; ce sont alors ces relais qui assurent la toile de fond et la distance nécessaires pour que les lois de la nature rencontrent les règles de l'art à même d'accomplir les données naturelles, et pour qu'une expérience individuelle ait la possibilité d'engendrer à son tour une autre expérience individuelle.

Il faudrait avoir à la portée des yeux (ἀλλ᾽ ὀφθαλμῶν) le lieu que Grégoire entend décrire à son correspondant, pour comprendre son charme (τῶν ἑρμηνευόντων τὴν χάριν)[1], alors que ni le nom barbare qu'il porte (*Ouanôta*, nom d'origine galate) ni la situation géographique reculée n'engage d'emblée un intellectuel gourmet, attiré par les visions rares, à aller rendre visite à ce domaine situé dans la vallée du fleuve Halys (Kizil Irmak), en pleine terre de Cappadoce. Contrairement aux *ekphraseis* des textes épiques, cette description n'a pas besoin de créer un lieu puisque, géographiquement du moins, celui-ci existe[2]. Mais

1 *Ibid.* 20, 1 : « on a besoin de le voir pour en saisir le charme » (trad. P. Maraval). En citant dès le début la formule canonique « avoir sous les yeux », Grégoire indique explicitement le genre de son écrit : il adresse à son correspondant une *ekphrasis* en bonne et due forme. La phrase suivante indique la possibilité de saisir un lieu non nécessairement par la faculté visuelle, mais à travers la médiation des descriptions (20, 2). Cependant, il est important de noter que pour Grégoire le fait d'avoir le lieu décrit « sous les yeux » permet non seulement de le voir, bien qu'il insiste tout au long sur la contemplation et sur le spectacle offert par les « merveilles », mais surtout d'en saisir les significations (τῶν ἑρμηνευόντων τὴν χάριν) afin d'avoir quelque chose à transmettre à son correspondant. Voir *infra*, *Cahier III*, des larges extraits cités de la lettre de Grégoire.

2 P. Maraval, éditeur et traducteur du texte, cite scrupuleusement dans les notes la localisation précise et les reconstitutions archéologiques du site décrit par Grégoire de Nysse. De ce point de vue les principales études de cette *Lettre* sont celles de F. Müller, « Der zwanzigste Brief des Gregors von Nyssa », *Hermes* 74, 1939 (p. 66-91) et N. Thierry, « Avanos-Venasa, Cappadoce », in *Geographica Byzantina*, Paris, 1981 (p. 119-129).

sans inventer son objet, une description peut-elle prendre forme et avoir une vie à travers la parole ? Le défi de Grégoire est de montrer qu'il y a bien « merveille » dans ce qu'il a vu, et qu'il est capable d'en rendre compte à la mesure exacte de la surprise dont il a été lui-même saisi. C'est le caractère exceptionnel de l'objet qui offre à Grégoire les moyens de transmettre l'effet d'enchantement à son correspondant savant. La « merveille » dont il a été témoin consiste à faire du corruptible, du sauvage et de l'accidentel quelque chose qui échappe aux lois de la nature immanente, quelque chose qui métamorphose les données de la nature et les convertit en un pur produit de l'art ; un produit unique, car issu de plusieurs arts associés et du savoir de différents corps de métiers réunis (architecture, horticulture, pisciculture, peinture, cuisine), travaillant ensemble l'espace et la nature, afin que le résultat puisse franchir l'enclos des lois physiques de l'espace et du temps cyclique de la nature. En somme, pour que l'ouvrage réalisé soit unique et pérenne, bien que vivant, multiple et soumis aux lois naturelles.

Faire donc en sorte que la nature devienne art et que l'art soit en même temps « naturel » et non un producteur de copies, d'artifices et d'automates. De ce décloisonnement des genres participe aussi le témoignage que rend Grégoire. Sa description traduit le rêve de l'homme : sortir des contraintes, retrouver une liberté qui, ici même, serait rendue de manière conditionnelle au vivant au nom de la beauté[1]. L'art propre de l'écrivain se présente comme une « peinture » avec des mots, « peinture » qui témoigne ainsi d'un art par un autre art qui

1 La pratique de l'*ekphrasis* à l'intérieur du genre épistolaire n'est pas rare à l'époque. Le frère de Grégoire de Nysse, Basile de Césarée, bien que beaucoup plus sobre dans son écriture que son frère amateur rompu de la rhétorique, se laisse aussi entraîner par le plaisir de décrire des lieux « merveilleux » définis comme expressions du « beau ». Ainsi, dans une lettre adressée à Grégoire de Nazianze (*Lettre XIV* in *Lettres*, éd. et trad. Y. Courtonne, t. I, Paris, Les Belles Lettres, 1957), il décrit en détail le paysage d'un coin sauvage du Pont, avec montagne, fleuve et cascade, lieu qui convient à merveille à son caractère et dans lequel il décide d'établir sa retraite. Comme dans le cas de la lettre de Grégoire de Nysse, il vante les mérites de l'éloignement de la ville, compare la beauté naturelle à l'île de Calypso décrite par Homère, insiste sur le caractère spectaculaire dû aux points de vue élevés qui permettent de tenir sous les yeux le spectacle entier de la nature, et évoque, lui-aussi, le rêve auquel se comparent les espoirs de l'homme. Bien qu'à l'évidence le lieu décrit ne soit pas géographiquement le même dans les deux épîtres des frères cappadociens, le *topos* du genre ekphrastique les rapproche comme si une même et unique sorte de « lieu » hantait le rêve des lettrés chrétiens nourri d'Homère et en quête de refuge du monde.

enjambe ses propres moyens. Les merveilles décrites seraient donc le résultat de l'union entre le *logos*-peintre et la matière vivante que façonne la nature en créatrice de choses belles que l'homme à son tour ordonne, éduque et décore. La stratégie consiste à ne rien laisser subsister en dehors de l'intervention d'une *tekhnè* spécifique, qu'il s'agisse de sélectionner un arbre fruitier, de traiter un pied de vigne, d'apprivoiser des poissons dans un bassin ou de rendre meilleure la vie des hommes dans des constructions où les humains habitent ou font leur prière à Dieu. Pour l'écrivain, l'œuvre de la nature n'a d'évidence que si elle offre matière à une création seconde, à partir de ce qui existe déjà ; cette création, qui accomplit les données existantes, fait à son tour l'objet d'une mise en scène à laquelle collaborent les techniciens des ouvrages, le maître de la maison et l'auteur lui-même en train de rédiger la description. La stratégie descriptive de Grégoire consiste donc à multiplier les médiations et à montrer qu'elles agissent toutes au nom de l'art. On pourrait appeler sa technique une forme de « mise en perspective ». Mais de quoi ? N'est-ce pas pour mettre en avant quelque chose d'autre qu'une œuvre d'art « grandeur nature » installée dans un coin reculé du pays ?

Certes, l'art de dire prévaut ici sur les choses décrites. Pourtant Grégoire ne cherche pas les compliments de son correspondant pour la maîtrise du style. Il adopte un autre biais classique du genre, le sommeil et le songe, pour brouiller l'origine des impressions et indiquer les raisons de ses pages. Décrit-il ce qu'il a vu ou ce qu'il a rêvé ? Tout ce qu'il présente au destinataire de son épître, dit Grégoire pour clore sa missive, n'est qu'une description du songe (καθάπερ ἐνύπνιον τὴν ἐπιστολὴν) que les lieux eux-mêmes lui ont inspiré à la fin de sa visite[1]. Le sommeil endort les facultés naturelles et laisse au songe le soin de révéler ce que les facultés ne pourraient jamais saisir par elles-mêmes, en direct. La parole prend la suite du songe pour mettre des mots sur des images, images qui sont comme des reflets captés d'un « ailleurs ». La description, bien diurne par son caractère précis et minutieux malgré la médiation du songe (serait-ce un rêve de sieste ?), a en outre un terme de comparaison littéraire explicite. Grégoire déclare d'emblée avoir déjà vu et appris beaucoup sur des lieux et des objets merveilleux en lisant les descriptions (ὑπογραφῆς) insérées dans les récits des anciens (ἐν

1 *Ibid.* 20, 21.

τοῖς διηγήμασι τῶν ἀρχαίων)[1]. Le lien de la description avec le récit est donc toujours reconnu comme opératoire, même s'il s'agit d'un écrit rhétorique pur jus ; de même que la médiation entre deux pouvoirs, celui de la parole et celui de la vision, est toujours considérée comme nécessaire pour construire dans/par le langage un espace de visibilité. Du reste, pas besoin d'aller voir. Grégoire semble se soumettre à un exercice d'école par correspondance. Il sait bien que les mots suffisent pour créer de toutes pièces un lieu et en faire l'objet d'une évidence lorsqu'un rhéteur doit définir le beau.

À QUOI SERT DE BIEN PARLER DE POIRES OU DE PÊCHES

Regardons toutefois de plus près le texte de l'esthète évêque de Nysse. Si l'objet de la description prend appui sur ce qui est-là, à portée du regard, il ne s'y identifie pourtant pas, car la description « de la nature » ne cherche pas à faire du trompe-l'œil comme ferait un talentueux peintre du dimanche. Au contraire, le texte construit son témoignage « oculaire » en se détachant des lieux décrits ; il sait ce qu'il veut, mais, comme il ne peut pas faire l'économie de l'expérience, il s'invente un détour aussi bien pour se dédouaner de toute emprise que pour préparer sa prise de pouvoir. Les choses qui sont vues ne sont vraiment saisies que si elles se mesurent à ce qui est déjà connu par des références littéraires et mythologiques, par des lieux communs de la rhétorique et par des moyens discursifs aussi subtils que délibérément conventionnels, connus depuis les bancs de l'école. En l'absence d'un récit, construire une évidence nécessite l'établissement préalable d'un terrain commun, puisque rien de neuf ne peut être saisi d'emblée, sans point d'accroche par la reconnaissance et sans clef pour ouvrir les portes de l'entendement. La description, je le disais, est un écart que prend le langage à l'égard de deux pouvoirs, celui de la réalité phénoménale et celui du *logos* qui tétanise l'esprit en lui présentant une « vérité » dont il

1 *Ibid.* 20, 2. Notons que Grégoire emploie le terme le plus ancien pour désigner la description (*hupographê*), et non le terme *ekphrasis*, connoté comme exercice rhétorique dans les manuels de son époque.

est à la fois expression et témoin. Mais quand la description joue seule la partition de l'art de dire, elle ne peut pas faire bouclier ni effet de contrepoison. Elle invente alors la stratégie de la « beauté » et imagine des détours semblables à celui du rêve.

C'est bien la « beauté » du lieu qui vaut le détour, insiste Grégoire en visiteur sous le coup du charme, « beauté » (*kalos*) et « charme » (*kharis*) étant les principales caractéristiques du paysage dans lequel s'étend le domaine savamment aménagé par ses propriétaires riches et pourvus de goûts artistiques. Cependant, bien qu'adouci, l'effet magique de cette « beauté » est du même ordre que celui produit par les lieux mythologiques les plus dangereux, ceux qui se trouvent dans la proximité de Calypso, de Circé, de la Méduse. Allant de surprise en surprise, le visiteur finit par laisser son esprit glisser dans le doux sommeil du plaisir rassasié. Si Grégoire écrit à son correspondant scolastique, un intellectuel reconnu (λογιότητι)[1], c'est pour en avoir le cœur net : oui, il a goûté au « charme » et à la « beauté », mais il n'a pas perdu sa raison dès lors qu'il peut lui décrire les lieux dans les règles de l'art. La description est un contrepoison efficace pour endiguer l'effet engourdissant du charme trompeur, de même qu'elle fait office de bouclier pour se défendre de la force indicible des aspects, permettant d'en exercer la maîtrise par le « choc » du discours : révélation qui frappe et renversement continuel de l'apparence en évidences devenues dissemblables à force d'être expressives, obligées, pour être vues, de s'appuyer exclusivement sur le pouvoir d'évocation des mots et des figures. Car tout en matière de langage se réduit à un combat sans fin et sans merci entre ces deux pouvoirs imparfaits : celui de la *phusis* (y compris de la nature de l'homme) qui se révèle en se cachant dès lors que le sensible n'est jamais pareil à lui-même et ne peut donc ni se montrer ni se dire entièrement, pouvoir qui se mesure à l'autre, au pouvoir du *noûs* et du *logos* réunis, pouvoir par lequel la maîtrise de l'homme sur la réalité immanente des choses devrait triompher ; mais, là encore, c'est un pouvoir imparfait puisque l'intellection et le langage sont incapables d'épuiser, faute de moyens divins, sans l'aide d'un dieu, d'une muse ou d'un *daimôn*, la multiplication infinie du particulier et de l'accidentel, en en distinguant l'unicité d'une œuvre ou l'exploit unique d'un individu.

1 C'est ainsi que Grégoire s'adresse, avec déférence, à son correspondant à la fin de son épître (20, 21).

Un chiasme rhétorique, construit au début de la description, fixe les termes de la confrontation feutrée qui va avoir lieu entre ces deux pouvoirs, tous deux producteurs de réalités. « Si l'on recherche le charme naturel du lieu, il n'a pas besoin des embellissements de l'art (τῆς τέχνης καλῶν) ; si l'on considère les ajouts procurés par l'art (τῆς ἐπιτεχνήσεως προσγινόμενα βλέποι), ils sont d'une telle qualité et si nombreux qu'ils peuvent triompher même des défauts de la nature[1]. » L'ironie est de mise : la nature, aussi parfaite soit-elle, ne se suffit pas à elle-même et présente toujours des défauts que les techniques diverses corrigent pour que le charme *naturel* devienne parfait. L'*ekphrasis* fait ensuite l'éloge de la « beauté » produite par l'articulation savante des arts. Elle révèle ce que l'ouvrage de l'architecte ou du maître jardinier a produit, en cachant le travail des hommes au profit de l'engendrement naturel des aspects. Mais elle ne fait pas du trompe-l'œil, même si elle dissimule l'artifice des interventions. La description fait image de l'image que chaque art et chaque corps de métier a réalisée. Chez Grégoire de Nysse cette image est prioritairement picturale[2] et révèle non un « paysage » mais une « figure » composée à partir des éléments de la configuration naturelle, comme s'il s'agissait de décrire le « portrait » du grand vivant. La référence des métaphores est le plus souvent anthropologique (chevelure, robe, manteau, yeux etc.), car, comme dans le cas de la bague avec l'améthyste gravée dans le récit d'Héliodore, la description du lieu est de fait un « portrait » déguisé, une transfiguration des données naturelles en une création unique et vivante, présentée sous les traits d'une créature féminine qui tantôt se dévoile et tantôt se présente sous de riches habits de reine. Jusqu'à

1 *Ibid.* 20, 4.

2 Non seulement les couleurs évoquées sont très nombreuses dans le texte et soigneusement associées (pour prendre un seul exemple : « le galon d'or sur une longue robe de pourpre », pour décrire le fleuve au fond de la vallée, bordé de limon rouge, 20, 5), mais Grégoire fait plusieurs fois allusion à la peinture qui est prise comme modèle de perfection absolue par les différentes *tekhnai* décrites à l'œuvre. Un seul exemple encore, pour évoquer la partie du verger consacrée aux différentes espèces de pêches : « même la disposition des plantes et l'harmonieux tableau (εὔρυθμον ζωγραφίαν) qui en résulte – en vérité un chef-d'œuvre de peintre (ἀληθῶς γὰρ γραφέως) plutôt que d'horticulteur… » (20, 12). La préférence, presque obsessionnelle, de l'auteur pour la peinture comme étant l'art qui correspond le mieux au *logos*, apparaît aussi, de manière récurrente, dans les œuvres théologiques de l'évêque de Nysse. Voir, par exemple dans *De hominis opificio*, chap. V, la description de la création de l'homme par un Dieu peintre qui réalise son autoportrait.

Bernard Silvestre (*Cosmographia*) et à Alain de Lille (*De Planctu Naturae*, encore sous la forme d'un rêve), qu'elle soit rhétorique ou allégorique, la tradition d'une description censée montrer le monde naturel comme un grand corps de femme se perpétue sur le même modèle, à chaque fois réinvesti de nouvelles figures de style composées sur les brisées des mêmes *topoi*.

Entre les expressions qui signalent une perception crue de la phénoménalité et celles qui construisent une description censée donner elle-même lieu à une vision, se produit ainsi une concurrence savamment entretenue par la faiblesse feinte de la médiation des mots. La merveille (*thauma*), déclare Grégoire, dépasse la capacité des mots à la montrer (οὐκ οἶμαι δυνατὸν εἶναι διὰ λόγων ἐνδείξασθαι)[1]. Cette merveille n'est ni celle de goûter à des nouvelles espèces de poires et de pêches obtenues par des croisements subtils qui modifient tantôt la consistance, tantôt les couleurs, tantôt les saveurs, ni la surprise de voir des poissons apprivoisés au point de participer à des jeux comme des petits chiens ou des oiseaux[2], ni même celle d'admirer des arts qui interviennent tous azimuts pour créer un espace ordonné, harmonieux et surprenant par des beautés qui s'enchaînent et se répondent pour créer l'équilibre parfait des symétries internes aux œuvres. Par-dessus tous ces aspects prodigieux réunis, la merveille provient, comme par magie, de l'interaction universelle, du lien qui se crée et qui rend indispensables l'une à l'autre nature, *tekhnai* productrices et témoignage par la parole. Ce lien est de l'ordre d'une réflexion concomitante et réciproque. La forte présence aquatique évoquée dans le texte – de la présence du fleuve, contemplé comme un galon d'or au fond de la vallée, à l'évocation du bassin à jet d'eau et des plans réfléchissants des piscines superposées sur les terrasses –, de même que l'insistance sur les rayons, les éclats et les surfaces brillantes qui projettent mille feux, témoignent visuellement de cette relation réflexive qui dé-réifie les choses et les êtres, décloisonne les aspects et vide les mots de leur sens premier, métamorphosant et transfigurant l'ensemble en un flux continu d'impressions et d'émotions sensorielles. L'espace du rêve est certes celui qui convient le mieux pour justifier cette perception à la fois saturée et morcelée, ainsi que le dépassement, le débordement

1 *Ibid.* 20, 12.
2 *Ibid.* 20, 15 et 18.

constant des mots, qui sont pourtant les agents de cette saisie sensible mue à chaque instant par la passion : plaisir, effroi et contemplation. L'expérience sur laquelle s'appuie la description pousse à l'extrême les capacités de réception et la puissance d'expression d'une réalité immanente dont tout est sans doute inventé, imaginé de toutes pièces, bien que le lieu lui-même existe, qu'il soit repérable sur la carte et qu'il pourrait même garder des traces archéologiques d'une villa romaine que l'on découvrirait en fouillant ce coin précis de la campagne cappadocienne.

Il est frappant de constater que, tout au long de cette minutieuse *ekphrasis* d'un « paysage » construit par une habitation, le théologien fait œuvre de rhétorique pure, sans la moindre inflexion qui pourrait trahir ses convictions. Est-ce en raison de son destinataire, pas nécessairement chrétien ? Ou est-ce encore un indice que le vrai sujet se trouve ailleurs que dans le périmètre du domaine seigneurial décrit ? La « beauté », merveilleuse et surprenante, ambiguë et éminente, objet du plaisir produit par la science et par les dons de la nature, mais aussi objet de louange puisqu'elle se révèle comme transcendante à toutes les techniques réunies, ne passerait-elle pas inaperçue si l'homme n'était pas averti, comme dans le songe, qu'il peut la reconnaître puisqu'elle fait partie de son expérience, bien que dans l'acte lui-même de sa révélation elle domine et donc échappe à jamais à l'emprise des mots ? De la sur-éminence du « beau » comme forme au-delà du langage, la parole rhétorique construit, ici par le truchement du rêve, une stratégie de connaissance par mille reflets interposés.

TRANSFORMER LA PAROLE EN ŒUVRE

Dans une autre lettre Grégoire fait état de son désir de construire une chapelle et décrit son projet[1]. Contrairement à la transcription du rêve-*ekphrasis* engendré par la visite du domaine d'Ouanôta, le *martyrium* projeté pour être construit dans la ville de Nysse est décrit dans sa

1 *Lettre* 25, « À Amphiloque » (*op. cit. supra*). La lettre est datée des années qui suivent l'installation d'Amphiloque comme évêque d'Iconium en 373.

structure, ses dimensions, ses matières et son décor avec une précision qui se veut mathématique. L'évêque adresse la description de son projet (διὰ τῆς τοῦ λόγου γραφῆς)[1] à un « collègue », pour lui demander de l'aide dans la recherche des ouvriers, des matériaux, peut-être aussi de l'aide financière. Il convenait donc d'être aussi précis que possible, surtout que l'auteur semble savoir avec exactitude ce qu'il veut bâtir. Les descriptions d'églises ne manquent pas par ailleurs à son époque, sauf que la plupart des textes ekphrastiques sont des éloges écrits *a posteriori*. Grégoire, en revanche, décrit ce qu'il a dans la tête non sous les yeux. Deux siècles plus tard Paul le Silentiaire fait de même, en écrivant l'*ekphrasis* de Sainte-Sophie en simultané avec le travail qui se déroule sur le chantier de la reconstruction de l'édifice. Les hexamètres de l'officier impérial, composés pour participer à la consécration de l'église, ne décrivent pas une impression visuelle mais la créent en l'absence du vrai objet, traduisant, eux aussi, une expérience sensible et contemplative qui ne pourra jamais aider les archéologues à reconstituer en détail la construction et le décor du bâtiment[2].

Grégoire décrit donc un édifice en forme de croix, avec un chœur octogonal et presqu'arrondi, des absidioles d'angles entre les bras de la croix, des piliers d'angle et des colonnes « pour l'ornement (εὐκοσμίας) et la solidité[3] », avec base en forme d'autel et chapiteaux de style corinthien[4], le tout couronné d'un toit pointu, peut-être en forme de pomme de pin, conçu sans charpente par manque de bois adéquat[5], et couvert de briques et de pierres. Il décrit aussi les arcs intérieurs et les fenêtres, donne avec exactitude les dimensions, établit les règles de composition des espaces, insiste sur les symétries internes et précise que seule l'entrée sera « faite de marbres ouvragés d'un décor convenable (ἐκ μαρμάρων τῷ καθήκοντι κόσμῳ κατειργασμένων) » et comportera « des portails placés au-dessus qui soient ornés avec art des représentations habituelles

1 *Ibid.* 25, 2. Pour les études consacrées à cette description, considérée comme un document précieux concernant l'architecture ecclésiastique en Cappadoce au IVe s., voir les p. 288-289 de l'édition citée. Le modèle « littéraire » de la description proposée par Grégoire serait à rapprocher par sa précision et par l'ordre des éléments analysés de la description d'une église de Tyr par Eusèbe de Césarée (*Histoire ecclésiastique*, X, IV, 37-45).

2 Pour ce dernier poème descriptif, voir les références citées *supra* page 46 (note), ainsi que l'analyse et les passages cités *infra* dans le chap. « *Sophia* » et le *Cahier IV*.

3 *Ibid.* 25, 5. Des passages de cette lettre sont cités *infra*, *Cahier III*.

4 *Ibid.* 25, 13.

5 *Ibid.* 25, 11.

(τοιαύταις γραφαῖς)[1] ». Il n'est pas difficile, en effet, de dresser en partant du texte un dessin du plan et de l'élévation du bâtiment, de situer les ouvertures et d'imaginer le décor, même sans trop s'inspirer dans ce travail de restitution des édifices cappadociens encore sur pieds de nos jours. Cependant, si l'énoncé décrit l'œuvre avec une telle précision (ὁ λόγος δι' ἀκριβείας τὸ ἔργον)[2], c'est parce que Grégoire connaît non l'architecture en premier lieu, mais plutôt l'art de bien en parler. Pour cette raison, à l'instant même de l'expression les paroles *sont déjà l'œuvre* telle qu'elle est conçue par l'auteur. Pareil à un dieu, l'intellect conçoit et produit l'œuvre en l'installant dans la parole la plus à même de la montrer. « Ce qui est projeté se réalisera par la puissance de Dieu qui peut, où qu'il la dise, transformer la parole en œuvre (ἕξει τῇ δυνάμει τοῦ θεοῦ ἔργον ποιῆσαι δυναμένου τὸν λόγον)[3] », dit Grégoire en ouverture de son épître, en faisant sien ce pouvoir démiurgique de la parole, parole « divine » par l'art, à l'instar de celui qui a créé le premier l'équivalence oratoire du *kosmos* et du *logos*.

On doit toutefois remarquer aussi deux aspects particuliers du message que l'écrivain adresse par cette description à son lecteur. Le premier tient à son goût. La construction qu'il a en tête ne propose pas d'innovations architecturales. Au contraire, simple, claire et parfaitement adéquate à l'usage proposé, elle laisse transparaître la dominante classique du style et le choix des principes de symétries internes et de convenance qui indiquent une préférence esthétique de type stoïcien. La beauté de l'œuvre provient d'une adéquation affichée entre le but et les moyens, ainsi que d'une harmonie interne, fondée sur la subtilité des moyens et sur la clef secrète des proportions qui se répondent et qui créent l'équilibre de l'ensemble. On n'est pas loin des idéaux de Cicéron ou de Plotin au début du traité sur le Beau. Le second aspect est le décrochement des plans entre d'une part la « fiche technique » du bâtiment décrit avec la précision requise pour ce qui est supposé être le plan de l'ouvrage, l'organisation du chantier et le cahier de charges des ouvriers, et de l'autre, le discours ecclésiastique réduit à des formules de circonstances censées donner au destinataire, évêque lui-aussi, l'assurance d'un dialogue entre des pairs. Mais l'église elle-même n'est pas décrite à l'aide d'un discours

1 *Ibid.* 25, 14.

2 *Ibid.* 25, 15.

3 *Ibid.* 25, 1. Voir aussi *supra*, note 6.

« théologique ». La parole fabrique l'image de l'œuvre, rend présente à l'esprit et à l'imagination la conception architecturale de l'évêque bâtisseur, mais ne tient aucun propos sur la signification des formes, ni sur l'usage liturgique et la commémoration des martyrs auxquels l'édifice serait dédié. La description obéit à des règles d'énonciation et à des effets rhétoriques, mais n'exprime pas des idées qui appartiennent à une autre sphère de la réflexion. L'art, dit Grégoire, donne forme à la matière (ἐπὶ τῇ ὕλῃ εἶδος ἡ τέκνη δώσει)[1], et ce principe régit toute création ; en l'occurrence, la parole donne forme à la matière de la pensée qui s'identifie ici avec la conception de l'édifice. La description témoigne ensuite, tel un miroir, de ce processus de création qui s'accomplit ici dans/par son expression.

DESCRIPTION D'HOMÈRE PAR STATUE INTERPOSÉE OU LE REGARD DE L'AVEUGLE TOUJOURS VIVANT

Il y avait à Constantinople un gymnase public, appelé « le Zeuxippos », dont le portique était décoré de portraits de personnages célèbres et des archétypes les plus réussis de la statuaire antique : dieux, guerriers et athlètes. Un poème de plus de quatre cents hexamètres, écrit par Christodoros de Coptos (en Thébaïde), fournit la description des quatre-vingt statues, seul témoignage de cette galerie d'art antique détruite par le feu lors de la révolte de 532. Le bâtiment, vraisemblablement des thermes construits par Septime Sévère au cœur de la ville, avait reçu une riche décoration de la part de Constantin qui y installa une collection d'œuvres exceptionnelles rapportées de tous les coins de l'Empire[2]. L'*ekphrasis* en vers de Christodoros vacille, dans un

1 *Ibid.* 25, 14.

2 Sur les détails historiques et archéologiques fournis pas le poème de Christodoros (daté de l'extrême fin du ve ou du début du vi[e] s., et par certains historiens même après l'incendie de 532), voir l'Introduction (p. 51-60) de P. Waltz dans l'édition du texte cité *supra* page 21, note 1. L'œuvre est conservée dans l'*Anthologie palatine* (Liv. II) et dans le recueil de Planude. On considère que Christodoros de Coptos a été un disciple de Nonnos de Panopolis et qu'il fût le maître de Paul le Silentiaire. Poète et peut-être rhéteur, Christodoros aurait connu Proclus ou du moins quelques-uns des disciples du maître de l'Académie, puisqu'il serait l'auteur d'un livre en vers intitulé « Sur les

étonnement sans discontinu, entre rendre compte de la célébrité des personnages historiques ou mythologiques en les rappelant au bon souvenir du lecteur averti, et présenter la « beauté » de l'art par la mise en scène de son évidence à travers les moyens visuels les plus immédiats et les plus frappants : expressions, composition, choix et traitement des matières. En digne héritier de Philostrate et de Callistrate pour le genre, en disciple de Nonnos de Panopolis pour le style lourd et jonché de termes rares, Christodoros serait comme un « postmoderne » qui ferait revivre la tradition homérique avec les instruments conceptuels et rhétoriques de la Seconde Sophistique, pour un milieu culturel qui souhaitait dorer le blason du nouvel empire avec le lustre d'une antiquité héroïque fantasmée.

Mais de la naïveté apparente et du « mauvais goût », décrié par les historiographes et dont seul le néo-académisme moderne saura triompher, il ne faudrait pas faire les arguments d'un sort commun avec celui de toute littérature *seconde*, fabriquée par clichés. Christodoros vaut mieux qu'un vieux critique d'art. Pourquoi ? Voyons la composition de l'ensemble avant de nous arrêter sur le chef-d'œuvre de cette *ekphrasis*, le portrait d'Homère.

La description commence par la statue de Déiphobe, troisième époux d'Hélène. Attaqué par Ménélas, l'homme se défend avec un « bouclier large ». L'allusion est transparente. Cependant, bien que le personnage soit promis, comme Achille, à la mort, le sculpteur présente le troyen, autant que la nature du bronze permet de l'exprimer (ἀλλ᾽ οὐ χαλκὸν

auditeurs du grand Proclus » (ouvrage perdu). L'information est doublement importante. Elle révèle d'une part que l'intérêt de Christodoros pour Homère et pour les traditions mythologiques des lieux (il aurait également écrit des livres sur les origines mythologiques des principales villes de l'Empire : Constantinople, Thessalonique, Milet, Tralles, Aphrodisias, et des régions comme la Lydie) s'inscrit dans une démarche qui associe le travail « littéraire » et le travail philosophique d'exégèse des dialogues platoniciens et des poèmes mythologiques anciens (Homère, Hésiode) tel que Proclus le pratiquait (outre les commentaires des textes de Platon, Proclus a écrit un ouvrage théorique sur l'interprétation des mythes : Περὶ τῶν μυθικῶν συμβόλων). D'autre part, elle montre que l'intérêt pour les mythes reste d'actualité en milieu chrétien ; si Christodoros est chrétien, l'hostilité affichée de Proclus à l'égard des chrétiens n'empêche pas le poète de partager avec le philosophe néoplatonicien l'intérêt pour l'exégèse des mythes, ni d'afficher cet intérêt en écrivant un panégyrique des disciples de Proclus. Voir l'étude introductive de P. Waltz à l'édition de l'*Anthologie palatine* (*op. cit.* p. 51-52) et l'étude introductive de H. D. Saffrey et L. G. Westerink, Proclus, *Théologie platonicienne*, Tome I, Livre 1, Paris, Les Belles Lettres, 2003 (p. XLIX et LVII).

ἔθηκε φύσις πειθήμονα λύσσῃ), dans la « fureur » du combat[1], l'arme à la main et le bouclier encore en service. Suit aussitôt la statue d'Eschine, lançant « l'éclair fleuri de la savante Persuasion (ἤστραπτε νοήμονος ἄνθεα Πειθοῦς)[2] ». Comme chez Nonnos, le « doigt », fleuri et gracieux, de Persuasion vient indiquer ce que la parole est censée faire en donnant de la voix aux images muettes, coulées en bronze ou taillées dans la pierre. La répétition du mot qui indique l'effet ne saurait être plus persuasive que l'éloquence elle-même ayant pris corps dans les bronzes antiques. À cette dimension expressive du *logos* qui perce de son « doigt » le silence des œuvres, Christodoros ajoute immédiatement la philosophie. Après Déiphobe et Eschine, vient le tour d'Aristote, « prince de la philosophie (Ἀριστοτέλης, σοφίης πρόμος) », lequel « même dans le bronze muet (χαλκῷ ἀφθόγγῳ) n'avait pas l'esprit inactif[3] ». Le mouvement qui manque aux statues autant que le verbe manque aux images, est suppléé par un langage qui permet de voir aussi bien l'accomplissement d'un geste visible par nature, que les actes invisibles de la pensée et du discours.

Les trois premières statues décrites fixent ainsi, de manière quasi programmatique, le but du poème ekphrastique. Il s'agit de rendre une « âme » à l'art, de rendre *vivant* le souvenir et d'apprendre au lecteur à voir ce qui se présente sous ses yeux soit en vrai, soit par le truchement des mots. Non pour faire semblant qu'une statue soit *vivante*, comme dans le cas d'un automate, ni pour imposer le trompe-l'œil comme critère d'excellence dans les arts, mais pour faire entendre sous la forme contournée de la description, comme de biais, que les mots sont à la fois une arme et un bouclier en l'absence desquels l'homme est englouti par l'immaîtrisable : la nature, la passion, la matière en l'absence des formes, la négation de l'être. Faire entendre ainsi que les mots ne sont jamais que des mots, mais qu'ils sont porteurs à la fois d'une *force*, celle de la raison et de la persuasion, et d'une *vie*, voire d'une *double vie*, celle de l'auteur ou de l'orateur et celle du lecteur ou de l'auditeur. Cette *vie* n'est certes pas dans les mots eux-mêmes, quoi que l'on dise, dans la rhétorique, au sujet des discours qui seraient comme des « statues

1 Je suis partiellement la traduction de P. Waltz, *op. cit.* v. 9 et 12. Voir des larges extraits cités *infra*, *Cahier III*.

2 *Ibid.* v. 13.

3 *Ibid.* v. 18-20.

vivantes[1] ». Elle est en revanche donnée par les mots à ceux qui les lisent ou les écoutent, et elle est aussi protégée en quelque sorte par eux, puisque les mots sont les gardiens de la mémoire et des boucliers contre l'oubli.

La suite du poème présente Démosthène, « sage flambeau de la Persuasion[2] », et Euripide, « dans le secret des Muses tragiques[3] », suivis de devins et de prophètes, de poètes (Hésiode, Simonide, Sappho, Stésichore, Virgile, Ménandre, Pindare), de philosophes (Anaximène, Platon, Pythagore, Démocrite, Apulée, Héraclite, Xénophon), d'historiens (Thucydide, Hérodote), de prêtres et d'hommes d'état (Périclès, Jules César). Les dieux se glissent parmi les hommes des lettres et du pouvoir (Aphrodite, Apollon, Héraclès, Athéna, Hermès, Artémis) et se mélangent aux personnages des récits mythiques (Andromaque, Ménélas, Hélène, Ulysse, Hécube, Cassandre, Ajax, Achille). La liste est bien sûr beaucoup plus longue. Mais au centre de ce vaste panorama de la culture des Anciens, un personnage bénéficie de la plus longue description par statue interposée : c'est bien sûr Homère[4]. Le poème commence avec un personnage homérique portant un bouclier, s'attache à décrire longuement la statue du poète et finit, comme avec un clin d'œil, sur un « *autre Homère* (ἄλλος Ὅμηρος) » qui n'est pas une autre statue du même, mais un autre poète tragique homonyme, Homère de Byzance,

1 Le thème du discours « animé », semblable à un vivant, est propre à la rhétorique ancienne. La comparaison platonicienne du discours avec un corps vivant (πάντα λόγον ὥσπερ ζῷον συνεστάναι) dans le *Phèdre* (264c2-3) est bien connue ; le thème apparaît aussi dans le *Politique* et dans les *Lois*. L'héritage est double, d'une part dans la sophistique tardive et ses prolongements dans la rhétorique byzantine, de l'autre, dans la pensée néoplatonicienne (Plotin, Porphyre, Proclus). Le motif rhétorique de la « statue animée » à laquelle serait comparé le discours, de même que le thème du discours « animé », *empsuchos*, qui donne une « présence » à ce qu'il dit et qui « met en présence » à l'égard de lui-même celui qui l'écoute, passera également dans la peinture byzantine ; on parlera alors de « peintures vivantes », à même de rendre à la fois « animé » (*empsuchos*) et « évident » (*enargês*) un être peint : le portrait rend *vivant* (*empsuchos eikôn* ou *empsuchos graphê*) le Christ, la Vierge ou un saint aux « yeux de la foi ». Voir S. Papaioannou, « Animate statues : aesthetics and mouvement », in *Reading Michael Psellos*, ed. par Ch. Barber et D. Jenkins, Leiden-Boston, Brill, 2006 (p. 95-116) ; R. Cormack, « 'Living painting' », in *Rhetoric in Byzantium*, E. Jeffreys (ed.), Aldershot, Ashgate Variorum, "Society for the promotion of Byzantine studies", n 11, 2003 (p. 235-246).

2 *Ibid.* v. 25.

3 *Ibid.* v. 33.

4 La description du portrait d'Homère, v. 311-350, dépasse de loin toutes les autres évocations auxquelles Christodoros ne consacre pas plus de trois à cinq vers.

né sur les rivages de Thrace, dont l'art est qualifié par Christodoros d'« ornement de Byzance, sa patrie (κοσμήσας… Βυζαντίδα πάτρην)[1] ». Et pour que ce clin d'œil final soit bien saisi par le lecteur, Christodoros ajoute encore un petit battement de paupière : le tout dernier portrait est celui de Virgile « dont jadis la langue latine a fait un *second Homère*, mais un *Homère romain* (Ῥώμης Θυβριὰς ἄλλον Ὅμηρον ἀνέτρεφε πάτριον ἠχώ)[2]. »

Il n'est pas difficile de comprendre de cette composition en boucle que toute l'*ekphrasis* de la galerie d'art de Constantinople tourne en réalité autour de la statue d'Homère et qu'elle compose ainsi, à sa manière, un hymne à la gloire d'Homère d'où tout est sorti : aussi bien les dieux que les personnages épiques, incarnant à jamais vertus et passions, ainsi que les hommes et les femmes des lettres et de l'esprit qui, jusqu'à Christodoros lui-même, ont appris leur « art » avec les poèmes d'Homère. La description pas à pas de l'ouvrage des *agalmata* de la statuaire antique est une mise en condition du langage à faire l'éloge du *logos* non seulement parce que le *logos* est divin à l'instar de sa figure tutélaire, homérique, mais parce qu'il s'est incarné dans toute une galerie de personnages qui forment le panthéon *vivant* de la culture et qui montrent que la parole est *vivante* tant qu'elle a le pouvoir démiurgique et qu'elle peut « fabriquer » tout : des œuvres parfaites, des actions admirables ou abominables, des états et des dieux, et qu'elle peut aussi faire miroir d'elle-même et montrer du doigt ce qu'elle est et ce qu'elle peut produire. La parole s'identifie même aux images et aux vertus inscrites dans la nature muette des matières, puisque dans une description c'est elle qui les engendre en pénétrant dans la fabrique intime de l'art comme dans la forge du divin boiteux.

Je serais tentée de comparer cet éloge avec celui que tient ironiquement le Sophiste à Théétète dans le dialogue éponyme de Platon. La langue du sophiste peut tout faire, *toi* et *moi* qui sommes à l'instant liés par la parole, mais aussi tout ce qui est vivant, les animaux de la terre et de la mer, les végétaux, le monde lui-même, le ciel et les dieux[3]. La langue du sophiste « fabrique » en effet tout en promenant un miroir, mais elle n'engendre rien d'elle-même et se contente d'attribuer des identités en

1 *Ibid.* v. 407-413.
2 *Ibid.* v. 415-416 (je souligne la multiplication des *Homère*).
3 *Le Sophiste*, 233e-234a. Voir aussi *supra* page 64, note 2.

y mettant les noms et de formuler des définitions de ce qu'elle affirme comme étant. Le sophiste, selon Platon, ne fabrique que des apparitions, ne produit que la visibilité des choses réelles, ne conçoit que les stratégies de l'évidence ou les pièges du leurre. Mais je ne m'engagerai pas sur ce détour, trop éloigné peut-être, quoique partant d'un point commun, car le poème de Christodoros n'est pas philosophique mais vise un autre type de discours. C'est le portrait d'Homère qui recèle ici le « secret » de l'*ekphrasis*.

Décrire c'est œuvrer le bronze comme Héphaïstos pour fabriquer le bouclier d'Achille : créer une matière entièrement nouvelle, la façonner, la décorer et l'animer. Pour Christodoros, décrire un portrait c'est œuvrer avec le bronze muet pour retrouver sous la matière, sous la forme et sous le décor la *statue intérieure* de l'être. Sous les habits lourds d'une langue ampoulée, palpite le même cœur et le même nerf de la réflexion. « Homère se montrait (Ὅμηρος ἐδείκνυεν) sous la forme d'un bronze rempli d'intelligence (Ἔμφρονα χαλκὸν), comme doué non seulement d'âme désirante mais à qui on a encore prêté la pensée (οὔτε μενοινῆς ἄμμορον, οὔτε νόου κεχρημένον)[1] ». Seule la « voix divine » (φωνῆς ἀμβροσίης) n'apparaît pas dans cette œuvre d'art inspirée (ἀνέφαινε δὲ θυιάδα τέχνην)[2]. C'est cette voix immortelle, parfaite et belle que, secrètement, Christodoros rêve d'incarner lui-même en la donnant, en offrande de lettré, à l'œuvre du sculpteur. Car, bien sûr, le sculpteur d'un ouvrage pareil n'est pas un homme mais un dieu. « Certes, c'est un dieu qui a coulé ce métal à la ressemblance de sa forme corporelle (εἴδεϊ μορφῆς) ; car je ne puis pas croire, je ne puis imaginer qu'un tel chef-d'œuvre ait été forgé par un ouvrier mortel, assis près de son fourneau ; mais c'est l'industrieuse Athéna qui l'a façonné de ses propres mains (ἀλλ' αὐτὴ πολύμητις ἀνέπλασε χερσὶν Ἀθήνη), connaissant bien ce corps où elle habitait (εἶδος ἐπισταμένη τόπερ ᾤκεεν) : car Homère la portait en lui (ἐν γὰρ Ὁμήρῳ) et c'est elle qui faisait entendre par sa bouche ses chants artistiquement composés (αὐτὴ ναιετάουσα σοφὴν ἐφθέγγετο μολπήν)[3]. » Don contre don, la création est un échange entre

1 *Ekphrasis* de Christodoros, v. 311-312 ; je retouche légèrement la traduction de P. Waltz, mais, comme lui, je ne traduis pas les effets subtils de balancement des négations qui s'auto-annihilent, afin de privilégier le sens de la phrase plutôt que le style poétique contourné.

2 *Ibid.* v. 312-313. Comme pour le vers précédent je glose plutôt que je ne suis la traduction *à la lettre*.

3 *Ibid.* v. 314-319. Voir aussi *supra* page 21, note 1.

l'intelligence de la matière, l'adéquation de la forme et l'âme divine qui rend l'œuvre vivante, échange ou redistribution de rôles que la description met en évidence par un autre échange qu'elle-même opère entre le silence, le regard et la voix. En travaillant sur les stratégies selon lesquelles l'image et la parole arrivent à faire œuvre commune dans le langage face à la visibilité muette et immanente des choses, la description prend la relève en faisant le coup double de maîtriser par la parole ce qui n'est pas fait pour être dit, et de maîtriser en même temps la faculté visuelle en l'instruisant pour qu'elle devienne *regard de démiurge.*

Il est difficile de faire l'économie d'un dernier trait du portrait d'Homère décrit par Christodoros. Il concerne les yeux du poète aveugle et ressemble à un lieu commun si on le lit trop vite ou de trop près. « Quant à ses deux sourcils, l'artiste ingénieux les avait sculptés en saillie, non sans raison, car ses yeux étaient privés de lumière. Mais ils n'offraient pas l'apparence d'un aveugle : la grâce régnait dans ses orbites vides (χάρις ὄμμασιν) ; je pense que l'artiste avait ainsi voulu montrer à tous qu'Homère nourrissait dans son cœur la flamme inextinguible du génie (φανείη φέγγος ὑπὸ κραδίην σοφίης ἄσβεστον ἀείρων)[1]. » À la suite de ce détail, Christodoros dévoile enfin que le portrait d'Homère est en réalité la statue entière d'un homme appuyé sur un bâton, qui scrute son cœur (θυμῷ σκεπτομένῳ), laissant son esprit vagabonder çà et là (νόος δέ οἱ ἔνθα καὶ ἔνθα) pendant que se trame, par une Sirène de Piérie, son œuvre subtile[2]. L'ombre des arcades oculaires, peut-être celle du portique aussi, est comme la pensée en apparence vide d'un homme qui, tel un berger, contemple le paysage environnant, pendant qu'une déesse et des Muses-Sirènes tissent l'œuvre qui ira nourrir la jeunesse[3] et animer les générations d'immortels dont le portique de Constantinople garde le souvenir coulé en bronze et gravé dans la pierre. Cette ombre des arcades, à la fois relief du visage et négatif de l'image, recèle dans son « secret » ce que les yeux ne sont pas à même de voir tout seuls ; elle cache de son voile la source miroitante et le feu follet des mots qui charment et qui s'opposent par leur puissance à l'entropie de la nature et à la mort des dieux et des hommes. Comme si toute la galerie des

1 *Ibid.* v. 333-338.
2 *Ibid.* v. 347-349.
3 Au vers 332 Christodoros, en décrivant le front du portrait d'Homère, parle de la sagesse du maître nourrissant la jeunesse (σαοφροσύνη κουροτρόφος).

portraits provenait de ces yeux aveugles auxquels Christodoros, en « nouvel » Homère, re-donnait ainsi une vision et, avec elle, le pouvoir de vivre une vie nouvelle sous des paroles de poème, toujours divines.

CAHIER III
Grégoire de Nysse et Christodoros de Coptos : le beau et le vivant. Le *logos* en maître du regard

LES EXERCICES RHÉTORIQUES DE GRÉGOIRE DE NYSSE, EN STYLE ÉPISTOLAIRE

L'évêque au vert ou la nature du multiple dans le songe particulier d'un après-midi de fin d'été.

Lettre 20. *Au scholastikos Adelphios.* 1. C'est de la sainte Ouanôta, si toutefois je ne fais injure à ce lieu en le désignant dans la langue du pays, que j'ai fait copier pour toi cette lettre. Je dis que je fais injure à cet endroit parce que son appellation n'a rien d'élégant, et que le si grand charme de ce lieu (τοῦ τόπου χάρις) ne se laisse pas deviner sous cette dénomination galate ; on a besoin de le voir pour en saisir le charme (ἀλλ' ὀφθαλμῶν ἐστι χρεία τῶν ἑρμηνευόντων τὴν χάριν). 2. Moi qui en ai déjà vu beaucoup (πολλὰ) et en bien des endroits (πολλοῖς ἤδη τεθεαμένος), qui ai appris à en connaître beaucoup à travers les descriptions qu'on trouve dans les récits des anciens (πολλὰ δὲ καὶ διὰ τῆς τῶν λόγων ὑπογραφῆς ἐν τοῖς διηγήμασι τῶν ἀρχαίων), je tiens pour sans valeur toutes celles que j'ai vues et celles dont j'ai entendu parler lorsque je les compare aux beautés d'ici (συγκρίσει τῶν τῆδε καλῶν). 3. Ce n'est rien du tout ce fameux Hélicon, ce sont un mythe (μῦθος) les Iles des bienheureux, une bagatelle (μικρόν) la plaine de Sicyone, de l'emphase poétique (κόμπος τις ἄλλως ποιητικὸς) enfin les récits (διηγήματα) sur le Pénée, [...][1]

4. [...] Si l'on recherche le charme naturel du lieu (εἴτε γάρ τις τὴν φυσικὴν ἐπιζητοίη τοῦ τόπου χάριν), il n'a pas besoin des embellissements de l'art (τῆς τέχνης καλῶν) ; si l'on considère les ajouts procurés par l'art (τῆς ἐπιτεχνήσεως προσγινόμενα βλέποι), ils sont d'une telle qualité et si nombreux qu'ils peuvent triompher même des défauts de la nature (τοιαῦτα καὶ τοσαῦτά ἐστιν ὡς καὶ φύσεως δύνασθαι δυσληρίαν νικῆσαι). »

5. [...] En bas, le fleuve Halys, embellissant l'endroit (καλλωπίζων τὸν τόπον) de ses rives escarpées, brille comme un galon d'or (οἷόν τις ταινία χρυσῆ) sur une longue robe de pourpre, grâce au limon qui rougit ses flots. 6. En haut, une vaste montagne boisée s'étend le long d'une grande arête couverte de tous côtés d'une chevelure de chênes ; elle est digne de rencontrer

1 Tous les fragments des *Lettres* de Grégoire de Nysse sont cités ici dans la traduction de P. Maraval. En revanche, les passages cités *supra* (chap. « *Rhêtorikê* ») comportent parfois des traductions retouchées.

un Homère pour la célébrer (ἄξιον Ὁμήρου τινὸς ἐπιτυχεῖν), bien plus que ce fameux Nérite d'Ithaque, dont le poète dit qu'il est « visible de loin et agite son feuillage.

8. Ensuite, comme le feu d'un grand phare, la beauté des habitations resplendissait de loin à nos yeux ; à gauche de l'entrée, il y avait la maison de prière préparée pour les martyrs, [...]. 9. Droit, devant la route, c'était des bâtiments élégants, dont les différentes parties offraient successivement quelque ingénieuse commodité, des tours élevées, des aires aménagées pour les repas, parmi les larges et hautes files des platanes, qui couronnaient l'entrée devant les portes. Ensuite, autour des maisons, les jardins des Phéaciens. 10. Ou plutôt, qu'on ne fasse pas injure aux beautés de Ouanôta en les comparant à celles-là ! Homère n'a pas vu (οὐκ εἶδεν Ὅμηρος) le pommier aux fruits éclatants que nous avons ici, qui reprend la couleur de ses propres fleurs grâce à l'intensité de la couleur de ses fruits, il n'a pas vu le poirier plus blanc que l'ivoire qu'on vient de polir ! 11. Et que pourrait-on dire de la variété et de la multiplicité des pêches, mélange et combinaison de diverses espèces ? De la même manière que ceux qui mélangent des éléments variés et surpassent l'ingéniosité de la nature (τὴν φύσιν παρασοφιζόμενοι γράφουσιν) pour dessiner des hircocerfs, des hippocentaures ou des monstres semblables, de même pour ce fruit aussi, la nature forcée par l'art a mélangé (παρὰ τῆς τέχνης ἡ φύσις ἐποίησε), selon le nom et le goût, ceci en vue de l'amande, cela en vue du noyau, autre chose en vue de la chair ferme. Outre cela, l'abondance de chaque espèce se montre supérieure à leur beauté (τὸ ἐφ' ἑκάστῳ πλῆθος ὑπὲρ τὸ κάλλος ἐδείκνυτο). 12. Mais même la disposition des plantes et l'harmonieux tableau qui en résulte (εὔρυθμον ζωγραφίαν) – en vérité un chef-d'œuvre de peintre (ἀληθῶς γὰρ γραφέως) plutôt que d'horticulteur, tant la nature s'est conformé avec docilité au désir de ceux qui ont disposé cela –, je crois qu'il n'est pas possible de les représenter par les mots (οὐκ οἶμαι δυνατὸν εἶναι διὰ λόγων ἐνδείξασθαι).

15. À cet endroit [une pièce d'eau située à l'extrémité d'une promenade], un des jeunes gens, comme un magicien (καθάπερ τις θαυματοποιός), nous fit voir un spectacle (θέαμα) qui n'est pas habituel dans la nature (μὴ λίαν ἐπιχωριάζον τῇ φύσει) : descendu au fond de la pièce d'eau, il prenait à volonté ceux des poissons qu'il lui plaisait de prendre, et ceux-ci ne fuyaient pas le contact du pêcheur, comme de petits chiens domestiques dociles et soumis à la main de l'homme de l'art (χειρὶ τοῦ τεχνίτου).

16. [...] l'entrée nous indiquait en effet une maison, mais une fois passée la porte, ce n'est pas une maison, mais un portique qui nous accueillit. Ce portique élevé surplombait à une grande hauteur un bassin profond. La base en forme de triangle qui soutenait le portique était baignée par les eaux : c'était comme un vestibule précédant les délices de l'intérieur. 17. Droit devant nous, en arrière, une maison au toit élevé occupait le sommet du triangle ; elle était éclairée de tous côtés des rayons du soleil et ornée de peintures variées (πανταχόθεν ταῖς τοῦ ἡλίου ἀκτῖσι περιλαμπόμενος, γραφαῖς ποικίλαις

διηνθισμένος) – au point que peu s'en faut si, en ce lieu, nous n'avons pas oublié tout ce qui avait précédé ! 18. La maison nous attira vers elle ; puis à nouveau le portique, au-dessus du bassin, était un spectacle unique. Les magnifiques poissons, comme s'ils voulaient amicalement jouer avec nous, les terrestres, remontaient des profondeurs jusqu'à la surface et bondissaient comme des oiseaux jusque dans les airs. Ils se montraient à moitié et cabriolaient en l'air, puis plongeaient à nouveau dans les profondeurs.

21. Une fois rassasié, comme je me sentais glisser dans le sommeil (πρὸς ὕπνον κατεφερόμην), j'ai fait venir le scribe et j'ai dicté comme en rêve cette lettre plaisante à ton Éloquence (ταύτην σου τῇ λογιότητι καθάπερ ἐνύπνιον τὴν ἐπιστολὴν ἀπελήρησα). Mais ce n'est pas avec du papier et de l'encre, c'est avec ma propre voix et ma propre langue que je souhaite décrire complètement ces beautés qui sont tiennes, pour toi et pour ceux qui t'aiment (εὔχομαι δὲ μὴ διὰ χάρτου καὶ μέλανος, ἀλλὰ δι' αὐτῆς τῆς ἐμαυτοῦ φωνῆς τε καὶ γλώττης τὰ παρὰ σοὶ καλά σοί τε αὐτῷ καὶ τοῖς ἀγαπῶσί σε διὰ παντὸς διηγεῖσθαι).

La matière et la forme au service d'une vision de l'esprit.

Lettre 25. *À Amphiloque.* 1. [...] Ce qui est projeté [la construction d'une église-martyrium] se réalisera par la puissance de Dieu qui peut, où qu'il la dise, transformer la parole en œuvre (ἕξει τῇ δυνάμει τοῦ θεοῦ ἔργον ποιῆσαι δυναμένου τὸν λόγον). [...]

3. La forme (τὸ σχῆμα) de l'oratoire est celle d'une croix, constituée dans toutes ses directions, comme il convient, par quatre salles, mais les jointures de ces salles ne se touchent pas, comme nous le voyons partout dans un plan cruciforme. À l'intérieur de la croix, il y a un cercle réparti en huit angles – j'ai appelé cercle cette forme octogonale parce qu'elle est arrondie –, de sorte que les quatre côtés de l'octogone qui sont diamétralement opposés les uns aux autres unissent par leurs arcs le cercle du milieu et les salles disposées sur quatre côtés.

5. À l'intérieur des piliers d'angle se dresseront des colonnes en nombre égal, pour l'ornement (εὐκοσμίας) et la solidité, et celles-ci à leur tour supporteront au-dessus d'elles des arcs construits de la même manière que les extérieurs, et adossés à eux ! 6. [...] Ce qui s'élèvera au-dessus sera de forme conique, la voûte contraignant la forme du toit à passer d'une large ouverture à un coin pointu. 7. La dimension en largeur de chacune des salles rectangulaires sera de huit coudées, en longueur elle sera plus grande de la moitié, mais la hauteur sera ce que requiert la proportion avec la largeur.

10. En exposant cela avec soin, j'ai diverti ta Bonté tout en ayant pour but que tu puisses évaluer, à partir de l'épaisseur des murs et des dimensions intérieures, à combien se monte le nombre de pieds (carrés). Parce que ton Intelligence est très habile en toutes choses et qu'elle réussit, par grâce de Dieu, en tout ce que tu veux, il te sera possible également, à partir de cette

énumération minutieuse (διὰ τῆς κατὰ λεπτὸν συναριθμήσεως), d'évaluer la masse d'ensemble à laquelle arrive tout cela, [...]

13. Le travail des tailleurs de pierre concerne non seulement les huit colonnes qu'il faut retoucher et embellir, mais consiste encore à faire des bases de colonnes en forme d'autel et des chapiteaux sculptés de style corinthien. 14. Une entrée faite de marbres ouvragés d'un décor convenable (ἐκ μαρμάρων τῷ καθήκοντι κόσμῳ κατειργασμένων), des portails placées au-dessus qui soient ornés avec art des représentations habituelles (τοιαύταις γραφαῖς) le long des moulures de l'entablement – pour tout cela, il est entendu que c'est nous qui fournirons les matériaux, mais c'est l'art qui donnera forme à la matière (ἐπὶ τῇ ὕλῃ εἶδος ἡ τέκνη δώσει) –, enfin les colonnes du péristyle, qui ne sont pas moins de quarante, sont elles aussi tout à fait un travail de tailleurs de pierre.

15. Si mon exposé a décrit avec précision l'œuvre à réaliser (ὁ λόγος δι' ἀκριβείας τὸ ἔργον), il devrait être possible à ta Sainteté, qui s'est rendu compte de ce qui est nécessaire, de nous tranquilliser complètement au sujet des ouvriers. [...]

LE *ZEUXIPPOS* DE CHRISTODOROS

La source intarissable du regard intérieur engendre des images qui parlent ou qui tentent au moins de le faire. L'art double du portrait.

Déiphobe, le premier, sur un socle orné de belles ciselures, se tenait debout, le casque en tête, héros plein d'audace et de vigueur, tel qu'au jour où il se rencontra avec l'impétueux Ménélas, au seuil de son palais en ruines. Il se tenait debout, en tout point semblable à un homme qui s'avance (προβιβῶντι πανείκελος), mais sans être correctement au port d'armes : il se présentait de flanc et, plein de fureur, bombant et contractant son dos, il se ramassait sur lui-même avec une énergie farouche ; et il roulait des yeux ardents (ἕλισσε δὲ φέγγος ὀπωπῆς), comme s'il se tenait en garde contre des ennemis qui l'attaquaient. De la main gauche, il élevait devant lui un large bouclier (Λαιῇ μὲν σάκος εὐρὺ προΐσχετο), tandis que de la droite il brandissait son épée. Elle allait, cette main en démence, plonger le fer dans la chair d'un homme placé en face ; mais la nature n'a pas permis au bronze de suivre les impulsions de cette fureur (ἀλλ' οὐ χαλκὸν ἔθηκε φύσις πειθήμονα λύσσῃ). (v. 1-12)[1]

Eschine, fils de Cécrops, lançait l'éclair fleuri de la savante Persuasion (ἤστραπτε νοήμονος ἄνθεα Πειθοῦς) ; il contractait l'orbe de ses joues

1 Tous les fragments sont cités ici dans la traduction de P. Waltz. Seuls les passages cités *supra*, dans le corps du chap. « *Rhêtorikê* », comportent quelques modifications de cette traduction. Citant de manière fragmentaire les passages grecs, je n'ai pas considéré nécessaire d'indiquer dans ce cas la coupure des vers, afin de donner un caractère plus saillant à l'aspect visuel du poème mis en valeur par le choix des expressions.

hérissées de barbe, était tendu, comme s'il luttait à coup de harangue dont les mots eussent couru sur ses lèvres (οἷα πολυτροχάλοισιν ἀεθλεύων ἀγορῇσιν) ; car il était rempli de mille pensées (στείνετο γὰρ πυκινῇσι μελῃδόσιν). (v. 13-16)

Près de lui se trouvait Aristote, le prince de la philosophie (Ἀριστοτέλης, σοφίης πρόμος) ; il était debout, les mains jointes et entrelacées ; même dans le bronze muet, il n'avait pas l'esprit inactif (οὐδ' ἐνὶ χαλκῷ ἀφθόγγῳ φρένας εἶχεν ἀεργέας), mais il ressemblait encore à un homme qui poursuit quelque méditation (ἀλλ' ἔτι βουλὴν σκεπτομένῳ μὲν ἔϊκτο) ; la contraction de ses joues trahissait l'effort d'une pensée qui roule de côté et d'autre, et ses yeux mobiles révélaient la multitude d'idées qui se pressaient dans sa tête (συνιστάμεναι δὲ παρειαὶ ἀνέρος ἀμφιέλισσαν ἐμαντεύοντο μενοινὴν καὶ τροχαλαὶ σήμαινον ἀολλέα μῆτιν ὀπωπαί). (v. 17-22)

Ensuite, on remarquait le grand orateur, la trompette de Péanie [Démosthène], le savant père de la parole harmonieuse (ῥήτρης εὐκελάδοιο πατὴρ σοφός), par lequel fut jadis allumé dans Athènes le sage flambeau de la Persuasion qui charme les cœurs (ὁ πρὶν Ἀθήναις Πειθοῦς θελξινόοιο νοήμονα πυρσὸν ἀνάψας). À le voir, on sentait que son esprit n'était pas en repos (Ἀλλ' οὐκ ἠρεμέων διεφαίνετο), [...] Sans doute, dans sa colère, il aurait fait entendre sa voix rapide, en douant de la parole son image inanimée (Ἦ τάχα κεν κοτέων τροχαλὴν ἐφθέγγετο φωνὴν, ἄπνοον αὐδήεντα τιθεὶς τύπον) ; mais l'art lui a imposée silence en fermant ses lèvres avec un sceau de bronze (ἀλλά ἑ τέχνη χαλκείης ἐπέδησεν ὑπὸ σφρηγῖδα σιωπῆς). (v. 23-31)

Puis venait celui qui porte le nom de l'Euripe ; j'ai l'impression qu'il conversait en secret, dans son cœur, avec les Muses tragiques (ὡς δὲ δοκεύω, λάθρη ὑπὸ κραδίην τραγικαῖς ὡμίλεε Μούσαις), ce poète si attaché aux mœurs chastes ; car on pouvait le voir tel qu'au temps où il agitait son thyrse sur la scène athénienne. (v. 32-35)

Ensuite se dressait, semblable à un dieu, Platon (Πλάτων θεοείκελος), qui jadis montra à Athènes les chemins cachés des vertus divines (ὁ πρὶν Ἀθήναις δείξας κρυπτὰ κέλευθα θεοκράτων ἀρετάων). (v. 97-98)

On remarquait aussi Pythagore, le sage de Samos ; il était là, debout, mais c'était dans l'Olympe qu'il semblait vivre (ἀλλ' ἐν Ὀλύμπῳ ἐνδιάειν ἐδόκευε) ; forçant la nature du bronze, il débordait de pensées profondes (φύσιν δ' ἐβιάζετο χαλκοῦ πλημύρων νοερῇσι μελῃδόσιν) et j'avais l'impression qu'il mesurait de ses yeux purs le ciel, seul objet de ses méditations (οὐρανὸν ἀχράντοισιν ἐμέτρεε μοῦνον ὀπωπαῖς). (v. 121-124)

Salut, flambeau de l'éloquence (φάος ῥήτρης), Isocrate : c'est toi qui donnes lustre au bronze (ὅττι σὺ χαλκῷ κόσμον ἄγεις) ; car tu sembles mettre au jour de sages pensées, bien que l'art en te forgeant t'ait rendu muet (δοκέεις γὰρ ἐπίφρονα μήδεα φαίνειν, εἰ καὶ ἀφωνήτῳ σε πόνῳ χαλκεύσατο τέχνῃ). (v. 256-258)

Homère se montrait sous la forme d'un bronze animé (Ἔμφρονα χαλκὸν Ὅμηρος ἐδείκνυεν), qu'on eût cru doué de raison et de pensée (οὔτε μενοινῆς ἄμμορον, οὔτε νόου κεχρημένον); il ne lui manquait que sa voix divine (φωνῆς ἀμβροσίης), mais tout en lui révélait l'enthousiasme poétique (ἀνέφαινε δὲ θυιάδα τέχνην). Certes, c'est un dieu qui a coulé ce métal à la ressemblance de sa forme corporelle (Ἦ καὶ χαλκὸν ἔχευσεν ὁμῇ θεὸς εἴδεϊ μορφῆς) ; car je ne puis pas croire, je ne puis imaginer qu'un tel chef-d'œuvre ait été forgé par un ouvrier mortel, assis près de son fourneau (οὐ γὰρ ἐγὼ κατὰ θυμὸν οἴομαι ὅττι μιν ἀνὴρ ἐργοπόνος χάλκευσε παρ' ἐσχαρεῶνι θαάσσων) ; mais c'est l'industrieuse Athéna qui l'a façonné de ses propres mains (ἀλλ' αὐτὴ πολύμητις ἀνέπλασε χερσὶν Ἀθήνη), connaissant bien ce corps où elle habitait (εἶδος ἐπισταμένη τόπερ ᾤκεεν) : car Homère la portait en lui (ἐν γὰρ Ὁμήρῳ) et c'est elle qui faisait entendre par sa bouche ses chants artistiquement composés (αὐτὴ ναιετάουσα σοφὴν ἐφθέγγετο μολπήν). Tel nous apparaissait cet émule d'Apollon, ce mortel égal aux dieux, mon père, le divin Homère (πατὴρ ἐμὸς, ἰσόθεος φὼς, ἵστατο θεῖος Ὅμηρος). Il avait l'air d'un homme âgé, mais sa vieillesse était aimable (γλυκύ), car elle répandait sur lui une grâce encore plus complète : son charme était fait à la fois de majesté et de douceur ; tout dans sa figure, inspirait la vénération (σέβας δ' ἀπελάμπετο μορφῆς). (v. 311-324)

Il avait le front découvert ; mais sur ce front sans cheveux resplendissait la sagesse du maître de la jeunesse (σαοφροσύνη κουροτρόφος). Quant à ses deux sourcils, l'artiste ingénieux les avait sculptés en saillie, non sans raison, car ses yeux étaient privés de lumière (ἀμφὶ δ' ἄρ' ὀφρῦς ἀμφοτέρας προβλῆτας ἐΰσκοπος ἔπλασε τέχνη, οὔτι μάτην). Mais ils n'offraient pas l'apparence d'un aveugle (Ἀλλ' οὐκ ἦν ἀλαῷ ἐναλίγκιος ἀνδρὶ νοῆσαι) : la grâce régnait dans ses orbites vides (ἕζετο γὰρ κενεοῖς χάρις ὄμμασιν) ; je pense que l'artiste avait ainsi voulu montrer à tous qu'Homère nourrissait dans son cœur la flamme inextinguible du génie (τέχνη τοῦτο τέλεσσεν, ὅπως πάντεσσι φανείη φέγγος ὑπὸ κραδίην σοφίης ἄσβεστον ἀείρων). Ses deux joues se creusaient légèrement, contractées par la vieillesse ; mais une noblesse naturelle y résidait en compagnie des Grâces. Une abeille de Piérie voltigeait autour de sa bouche divine (περὶ στόμα θεῖον), distillant des rayons de miel. Les deux mains posées l'une sur l'autre, il s'appuyait sur un bâton, comme s'il eût été vivant (Ἀμφοτέρας δὲ χεῖρας ἐπ' ἀλλήλῃσι τιθεὶς ἐπερείδετο ῥάβδῳ οἷά περ ἐν ζωοῖσιν) ; il penchait l'oreille droite et paraissait écouter Apollon (Ἀπόλλωνος ἀκούειν) ou l'une des Muses placée près de lui (ἢ καὶ Πιερίδων τινὸς ἐγγύθεν). Il ressemblait à un homme qui médite dans son cœur (Ἐν δ' ἄρα θυμῷ σκεπτομένῳ μὲν ἔϊκτο) ; son esprit se portait çà et là (νόος δέ οἱ ἔνθα καὶ ἔνθα), s'échappant du sanctuaire de sa pensée subtile et tramant l'œuvre martiale d'une Sirène de Piérie (ἐξ ἀδύτων πεφόρητο πολυστρέπτοιο μενοινῆς, Πιερικῆς Σειρῆνος ἀρήϊον ἔργον ὑφαίνων). (v. 331-350)

Il y avait encore un autre Homère (ἄλλος Ὅμηρος) ; mais je ne crois pas que ce fût le prince de la poésie (οὐ πρόμον εὐεπιάων), le divin fils du Mélès au beau cours ; c'était plutôt celui que, près des rivages de la Thrace, enfanta sa mère, la célèbre Mœro de Byzance, à qui les Muses enseignèrent dès son enfance les lois de la poésie héroïque (ἣ ἔτι παιδνὴν ἔτρεφον εὐεπίης ἡρωΐδος ἴδμονα Μοῦσαι). Il cultiva, lui, l'art délicat de la tragédie (κεῖνος γὰρ τραγικῆς πινυτὴν ἠσκήσατο τέχνην) et fut par ses vers l'ornement de Byzance, sa patrie (κοσμήσας ἐπέεσσιν ἑὴν Βυζαντίδα πάτρην). (v. 407-413)

On remarquait enfin le cygne à la voix mélodieuse cher à l'Ausonie, celui qui respirait l'éloquence (πνείων εὐεπίης), Virgile, dont jadis la langue latine a fait un second Homère, mais un Homère romain (Βεργίλλιος ὅν ποτε Ῥώμης Θυβριὰς ἄλλον Ὅμηρον ἀνέτρεφε πάτριον ἠχώ). (v. 414-416)

SOPHIA

Une maison pour la Sagesse, le dernier monument de l'Antiquité dans le miroir de son ekphrasis *contemporaine. Les pierres, les mots et les images*[1].

La *Sophia* ne se livre pas directement. Il faut la voir luire dans les yeux d'un témoin pour comprendre la force de ce paradoxe exprimé architecturalement au VIe siècle, paradoxe qui consiste à vouloir consacrer une bâtisse à la « sagesse » de Dieu. Non un temple de tous les dieux, un Panthéon, ni un lieu de culte premièrement, mais une construction qui soit avant tout l'expression visible d'une certaine « définition » divine, et, à ce titre, l'expression aussi adéquate que paradoxale de la transcendance universelle et donc de la transgression absolue de tous les moyens. Bref, un *monument* à même de manifester dans ses formes et dans les matières dont il est construit la nécessité de transgresser toutes les formes et tout ce dont un bâtiment est composé, afin de rendre à l'évidence de quiconque franchit son seuil que toutes les catégories sont en même temps franchies et que l'enceinte, comme suspendue, projetée hors de toute topographie, ne constitue qu'un lieu de manifestation pure. À chaque fois unique et sans limites *a priori*, cette manifestation prend acte, se configure et se renouvelle sous les yeux mêmes de celui qui s'y trouve et y participe. La construction suspend donc l'abstraction de l'intellection pour manifester *hic & nunc* l'universalité et la totalité comme principes par lesquels Dieu se définit naturellement en l'absence de toute contrainte et de toute circonscription, y compris celles d'une négation de la négation inscrite

1 Une première version de ce chapitre a été publiée en italien dans le volume collectif *Monumentum. L'abitare, il politico e il sacro*, sous la dir. de S. Petrosino (Milan, Jaca Book, 2011, p. 113-136) sous le titre « Una dimora per la sapienza, l'ultimo monumento dell'antiquità ». Le texte de cette première rédaction a lui aussi subi des modifications et des ajouts lors de sa reprise au cours de ce travail.

par nature dans l'étantité finie et circonscrite d'un lieu construit de pierres, de mots ou d'images.

Construire une « maison » de la Sagesse divine revient ainsi à rendre présent, et donc réduit aux dimensions immanentes de l'expérience, le lieu *a-topos* d'un principe de prééminence auquel Dieu s'identifie en tant que *Dieu*, *Un* ou *Bien*. Certes, un tel pari ne tient pas seulement du paradoxe et de la démesure, mais relève d'un changement radical de position : faire habiter la « sagesse divine » signifie lui donner un lieu où elle puisse se manifester elle-même comme attribut essentiel de Dieu. Comme on regarde plus aisément le soleil dans un reflet, ainsi la maison de la *Sophia* révèle-t-elle celle-ci non directement mais par le témoignage, et rend-elle alors, par retour sur l'effet produit, la signification de l'événement : *loué* soit non seulement celui par qui la terre entière tient, mais encore le principe divin – ἐπέκεινα τῆς οὐσίας πρεσβείᾳ καὶ δυνάμει ὑπερέξοντος – le principe au-delà de tout ce qui est ou n'est pas, et qui dépasse de loin l'essence en majesté et en puissance[1].

Paul le Silentiaire, officier de la cour de Justinien et poète à ses heures perdues, entreprend d'écrire mille trois cents hexamètres décrivant un édifice en train d'être achevé. Ses vers de résonance homérique voient le jour en même temps que des constructeurs érigent, pierre sur pierre, la nouvelle église consacrée à Sainte-Sophie à Constantinople, le bâtiment aux proportions les plus gigantesques et de la forme la plus parfaite qui avait jamais été projeté jusque là[2]. Une nouvelle espèce de visibilité, du jamais vu conjugué à du jamais conçu comme possible auparavant, se dévoile ainsi, de manière concomitante aux yeux et aux oreilles des contemporains. Le projet de Paul le Silentiaire se veut à la mesure du génie créateur du mathématicien et de l'architecte, Anthémius de Tralles et Isidore de Millet, qui ont conçu pour cette église la possibilité que les extrêmes de l'existant (géographique, ontologique et géométrique) se rejoignent dans le périmètre d'un espace à centre unique, habité par une

1 Platon, *République* VI, 509b 7-8. L'héritage métaphysique et théologique de cette expression est particulièrement important aussi bien chez les philosophes néoplatoniciens que dans la constitution d'une pensée proprement chrétienne.

2 Paul le Silentiaire compose deux poèmes, *La Description de Sainte-Sophie* et la *Description de l'Ambon*, en 562 au moment où s'achevait la reconstruction de l'édifice après les dommages causés par les tremblements de terre de 557 au bâtiment érigé en 532. Le premier poème est récité durant les fêtes de consécration.

présence elle-même unique, en l'occurrence : la lumière. Mais l'œuvre du poète répond aussi à une autre expression du génie : le génie de la politique, en la personne d'un empereur à la fois sanguinaire et pieux, ambitieux et visionnaire. Dans la « sonorité *grave et profonde* (ἐριγδούποισι) des mots d'Homère[1] », réitérée par la parole rythmée de Paul, se reflètent ainsi les génies conjugués de l'empereur et des architectes – car le poème ne se réduit pas à décrire les matières, les formes et les proportions de l'œuvre construite, mais s'évertue à perpétuer la mémoire du geste créateur et à se faire simultanément le vestige intemporel de l'idée « incarnée » par ce monument. Le son archaïsant des mots en porte encore la trace, tandis que les images créées par les vers sont comme les « photos » de ce qui fut aperçu à l'instant où le jour a vu se lever le voile des échafaudages : non des marbres somptueux, des couleurs inattendues et harmonieuses, des éclats vifs et changeants, de l'or à profusion, mais l'éblouissement d'un effroi. Pour les contemporains la Sagesse était là, avait trouvé sa place puisqu'on la lui avait offerte comme il se doit, et que cette place rayonnait de toute part en montrant la gloire comme *acte* et comme *monumentum* par excellence du divin.

DÉCRIRE, ENFANTER LA RÉVÉLATION

S'écrivant, le poème dit en effet non ce qui existe déjà, ni ce que le poète s'imagine exister, mais précisément ce qui est en train de venir au monde pendant que cette « chose » est en train de venir au monde. Décrivant un processus, le poème fait acte de dévoilement ou de révélation ; décrire révèle, produit non pas un objet mais son épiphanie par l'art de la parole qui se déplace constamment pour laisser la place à la saisie immédiate, à la stupeur et à la contemplation. Récité ensuite, lors de la cérémonie de consécration de l'église, la cadence du langage accompagne, tel le son de la flûte entêtante, la naissance d'une créature

1 Καὶ τίς ἐριγδούποισι χανὼν στομάτεσσιν Ὁμήρου / μαρμαρέους λειμῶνας ..., *Ekphrasis de Sainte-Sophie*, v. 617-618. Paul le Silentiaire, *Description de Sainte-Sophie de Constantinople*, éd. et trad. fr., M.-C. Fayant et P. Chuvin, Die, éditions À Die, 1997 ; P. Friedländer, *Johannes von Gaza, Paulus Silentiarius und Prokopius von Gaza*, Georg Olms, 1969² (Leipzig-Berlin, 1912).

nouvelle dont la vie dépend du sens que les vers vont réussir à transmettre aux yeux et aux oreilles des participants. Le poème ne copie pas l'édifice en transposant les volumes et les couleurs en figures du langage, ni ne mime la naissance de l'œuvre en y installant la comparaison didactique habituelle avec la création du monde et un démiurge dieu et artisan. Le poème cherche l'identité avec son objet en même temps qu'il dévoile à la perception les merveilles de cet objet. Et, de fait, le poème est lui-même une construction et réalise en lui-même, à la mesure de ses moyens, le lieu censé accueillir en lui la *Sophie*, la Sagesse, de manière tout aussi appropriée que l'édifice de pierre qui lui est consacré. De part et d'autre, la folie ne surpasse pas la démesure des constructeurs de Babel, mais, comme elle prend le chemin inverse, comme les architectes, l'empereur et le poète semblent avoir compris que le ciel est à l'intérieur et non aux confins du monde, cette folie métaphysique qui consiste à vouloir circonscrire par l'intelligence l'incirconscriptible dans la matière, ne tourne pas à l'impudicité mais montre comment on peut toucher, ne serait-ce qu'à la grâce d'un seul instant, à une telle fin.

Le poème de Paul se veut le réceptacle de la lumière intelligible dans laquelle luit la sagesse. Pour cela il construit savamment un discours où le *logos* pénètre et illumine l'épaisseur de la pierre, tandis que la pierre et ses couleurs deviennent à leur tour la matérialité même du *logos* dans laquelle brûle l'évidence et s'entend la voix seule qui donne sens aux mots par la récitation du poème et par son écho dans l'espace. Au moment même où ils se rejoignent les mots écrits et les pierres nommées deviennent la conscience réflexive de la transcendance, le *monumentum* de sa connaissance possible par le vivant dans l'instant singulier de sa réception sensible. Le poème réalise donc la perfection de l'église comme une voix qui, ayant habité une fois l'espace, demeure le témoignage vivant de sa naissance et se fait en même temps le mémorial de cette animation inaugurale qui a consacré le plus grand bâtiment des temps antiques à la Sagesse de Dieu.

Jamais une expérience pareille ne fut entreprise par le génie de la création. Tisser la lumière avec des mots qui pénètrent dans l'obscurité de la géologie pour en extraire le « rire des astres » et le « sourire du jour[1] ».

1 J'emprunte ces expressions aux descriptions contemporaines de l'église par Paul (*Ekphrasis…*, *op. cit. supra)* et par Procope (*De aedificiis*, I, 1, 23). Procope, *De aedificiis*, in E. M. Antoniadis, *Ekphrasis tês Haghias Sophias*, 3 vol., Leipzig-Athènes, Teubner/Sakellariou, 1907-1909 ;

Surprendre par la discursivité des paroles l'absence de couture entre le visible et l'invisible. Décrire la source d'où jaillit sans arrêt l'évidence du réel. Se faire soi-même, dans la saisie des significations données, le support sans bords de l'immanent qui vit en expérience immédiate les choses de l'esprit. Confondre ainsi la passion qui meut l'âme avec le toucher impavide de l'œil dans l'absence absolue de simulacres et d'intermédiaires. Jamais, ou presque, une telle expérience n'a tenté un officier-officiant de la parole[1], puisque jamais une occasion pareille ne s'est présentée dans l'histoire. Soyons clairs : le poème, archaïsant et orientalisant, truffé de clichés et écrasé sous les hyperboles, n'est pas beau en soi ; rien de comparable à Homère ou à Dante ; à peine est-il plus réussi que le poème ekphrastique de son maître présumé, Christodoros. Sauf que Paul gagne un pari d'unicité en articulant comme un ensemble intemporel ce qui n'est présent qu'à l'instant même de la réception. Il entreprend ainsi quelque chose que ni Homère, ni Dante, ni Christodoros *a fortiori*, n'ont entrepris explicitement : il ne se met pas en avant mais reste en arrière de ce qu'il récite et définit, en s'effaçant à mesure que le texte avance de son pas rythmé et qu'il accomplit l'acte pour lequel le poème fut composé. Tel un flambeau, le *logos* s'oublie à mesure qu'il illumine et montre le chemin à ce à quoi il donne lui-même vie ; on ne le voit pas plus que le doigt qui indique au loin une merveille, pas plus qu'on n'entend, explicitement, la voix qui éclaircit, comme d'un seul *tour de main*, le sens obscur des événements.

Le caractère performatif du poème atteint avec cette œuvre le degré ultime de perfection puisque l'objet naît avec le poème qui le décrit, tandis que le poème s'efface à mesure que la révélation de l'objet sature l'ensemble des récepteurs en présence. Or, dans cet échange, c'est la « sagesse » elle-même qui est visée ; c'est elle qui doit de l'extérieur régir l'équilibre et se laisser saisir par la même occasion, en infusant le double jeu de dévoilement et d'effacement par les vertus des facultés sensibles et intellectives, ainsi que par la grâce de l'inspiration et par l'usage chevronné des règles de l'art du rhéteur. De même qu'il n'y

---

Procope de Césarée, *Constructions de Justinien Ier*, Introduction, traduction, commentaire, cartes et index par D. Roche (publ. posthume par A. Amato et J. Schamp), Alessandria, Edizioni dell'Orso, 2011.

1 Paul le Silentiaire était l'officier en charge du silence en même temps que de l'organisation des discours dans le palais impérial.

a rien avant la naissance concomitante du poème et de l'église, ainsi le vide et le silence s'installent aussitôt le cérémonial fini, même si le poème, comme l'édifice de marbres et de bronze, ont tous deux survécu et qu'ils témoignent encore du moment unique de la consécration. Le rhéteur accompli n'est plus un substitut du forgeron, mais bien celui qui a la puissance de tendre un miroir mobile : jamais ses paroles ne sont des simulacres de vérité, mais bien la vérité telle que le récepteur la saisit au moment même où elle se produit. Le génie ne travaille pas pour produire un artifice mais pour produire instantanément la vie. Or l'art qui consiste à révéler la vie, non pas à la copier mais à la surprendre là même où elle s'épanouit, est un art sacré qui s'accomplit par la consécration d'une œuvre exceptionnelle, par le témoignage rendu à la gloire, en un mot, par un *monument.* Le poème de Paul participe de cet art et en définit les conditions : travailler avec la lumière et veiller à préserver par tous les moyens le caractère unique du vivant qui se tient dans cette lumière.

« LA SAGESSE A BÂTI SA MAISON » (*PROVERBES* 9)

Entrons dans l'équation exceptionnelle du poème et de l'église. D'une part, un édifice de plan central, encore rare pour une église, la centralité relevant de la perception du pouvoir comme présence unique et absolue. Un édifice de dimensions maximales, couronné d'une coupole perçue comme « aérienne » par tous ses contemporains, image de la stabilité dans la légèreté. La perfection découle des secrets formels qui agencent les imperfections ; les capacités des moyens déployés et la science s'emploient à vaincre les lois du nécessaire, à réfuter matériellement la pesanteur et à réaliser l'équilibre par une savante opposition de forces contraires à la gravité. Immense, l'édifice n'écrase pas puisque sa grandeur n'est pas massive en soi ; son gigantisme, expression de l'universel, tient sur cet équilibre, fragile et subtil, de l'art d'articuler les oppositions. L'existence de la construction est donc assurée par une structure qui s'évertue à stabiliser les oppositions physiques (l'effort est d'autant plus remarquable qu'au moment de la description par le Silentiaire il s'agit de refaire les structures du bâtiment détruit peu après son achèvement par un tremblement de terre). En même temps, l'édifice est une composition dont la matérialité visible nie la matérialité du support : l'épaisseur de la maçonnerie n'est pas visible dans la masse des volumes en jeu. Ce qui se voit n'est pas exactement ce qui fait tenir debout l'ensemble. La construction de l'édifice est telle qu'elle détermine un espace en montrant l'articulation exacte de sa structure d'ensemble, et qu'en même temps elle crée un espace en dissimulant dans les parties basses, à hauteur de vue, le noyau matériel de l'architecture sous d'autres espèces de matières qui n'ont pas de rôle portant mais qui assument un autre rôle, indispensable à l'identification de l'édifice. Ces dernières circonscrivent des volumes et dessinent des formes qui induisent l'expérience d'un type d'espace différent de l'espace physique de l'architecture.

Deux modèles architecturaux s'emboîtent ainsi dans le périmètre d'une seule construction : l'un donne naissance à l'édifice et en assure la solidité et la stabilité ; l'autre agit par des effets spéciaux de circularité, d'éclat et de vibration, sur la perception en mouvement de l'identité dévolue à l'espace construit, au monument-habitacle consacré à la Sophie. Ces deux plans d'extension du domaine de la *phusis* et de l'artifice de la *tekhnê* sont disjoints dans l'unité de l'ensemble afin de constituer les repères entre lesquelles doit se définir la « réalité » de l'église. La grande et unique *Ecclesia*, dont Sainte-Sophie se veut le modèle absolu, consiste à montrer dans la matérialité physique d'un espace l'évidence de chaque trait comme une perception directe d'effets sans qu'aucune cause ne soit apparente[1]. La possibilité d'une telle perception et sa mise en œuvre définissent la *dunamis*, et *de facto* la « réalité » propre de la transcendance dont l'église se veut le réceptacle.

1 A été remarquée dans le poème descriptif de Paul l'absence de toute référence aux détails techniques du système de construction, comme si l'édifice, bien qu'il ait été le fruit de l'art accompli des architectes, des géomètres et des artisans des différents corps de métier, n'était en réalité pas un « produit technique » mais une « création naturelle » de l'esprit. En revanche, le poète insiste sur les éléments architecturaux et sur les matières dont la construction est faite. Paul décrit le bâtiment comme un corps et focalise le regard sur les membres portants de ce corps de manière à pouvoir montrer, en détail, que ce corps est animé et viable. D'où l'insistance sur le mouvement circulaire et ondulatoire qui traduit le rythme et la nature de la lumière, ainsi que la fréquence des métaphores anthropomorphiques et des références à la respiration par la vibration de l'éclat des matières dans l'espace construit. Rien à avoir avec un traité d'architecture, comme celui de Vitruve, par exemple.

Un espace physique circonscrit ainsi le lieu particulier de la perception sensitive. Cependant, la matérialité portante de pierre et de brique sous-tend une autre matière qui se fait support et réceptacle de la nature corporelle dans laquelle s'inscrit toute création. Le génie de cet édifice tient à ce dédoublement entre la matière et le corps, dédoublement qui s'opère à la fois sur le plan de la construction de l'espace et sur celui du travail de découpe, d'assemblage et de modelage des matériaux. Alors que la merveille de l'art tient aux prouesses de la géométrie et des calculs, pour constituer véritablement une église et non seulement ériger un édifice étonnant, il faut que la *tekhnè* trouve aussi son recouvrement sensoriel : tout objet produit est alors une synthèse entre ce que cet objet est réellement (une construction n'est que le résultat de la convergence assumée de plusieurs actes spécifiques de production) et le rayonnement de son aspect corporel, le surcroît d'évidence qui permet de reconnaître à tout instant l'identité de cet objet en tant qu'« existant » au-delà de son aspect de « produit » matériel. *A fortiori* dans le cas d'une église qui est, certes, un « objet » architectural, mais qui doit en même temps se déterminer en tant que telle grâce à une certaine perception de l'espace comme lieu d'une expérience hors du commun, expression et réceptacle d'un rayonnement permanent, propre à son identité de « lieu sacré ». Or le poète qui accompagne de ses vers la naissance du bâtiment, se fait l'écho de cette perception singulière de l'espace et tente de produire lui-même un effet semblable de réceptacle corporel et sensitif de l'émerveillement et de l'effroi, en substituant à l'évidence muette des formes et des matières spécifiques une autre évidence sensible, celle du *logos* qui dévoile le sens de leur perception visuelle.

Indubitablement, le pari du poète byzantin est immense et insensé : la perception la plus immédiate est ici donnée comme un instrument de la connaissance universelle. La loi physique est contrariée par les architectes tandis que la logique se voit infléchir par la volonté de transcrire la perception non comme le produit de l'expérience mais comme un fruit de l'inspiration du poète. Paul le Silentiaire suit à la cadence des vers la consécration de l'édifice en décrivant pas à pas sa transfiguration. Il montre, révèle et rend ces actes eux-mêmes significatifs à l'égard de l'objet décrit. Ainsi recrée-t-il l'église par ses paroles et par les images qui engendrent à leur tour des figures et des couleurs inouïes. Cette nouvelle création ne correspond pas à ce que l'on voit, mais ouvre l'accès à ce que doit être, en tant que monument à la gloire de la sagesse divine, l'édifice décrit. Le rituel de la consécration s'opère dès lors *en direct* par la parole de celui qui dit, montre et signifie les formes, les gestes du démiurge et la matière sur laquelle s'opère la transfiguration. À terme, il ressort que l'église de Justinien ne serait pas tout à fait ce qu'elle est sans le poème-description de Paul le Silentiaire, parce que le poète, par son verbe (τοὺς λόγους), « collabore avec le souverain à façonner le temple du Verbe (τῷ δεσπότῃ συνδημιουργεῖν τὸν νεὼν τὸν τοῦ λόγου)[1] ». En jouant sur l'ambivalence du terme *logos*, le Silentiaire crée cet emboîtement spécifique des architectures de la Sainte-Sophie de Constantinople : l'église, temple du *Logos* (νεὼς [ναός] τοῦ λόγου), est certes l'œuvre des *logoi* de Dieu, mais à l'expression de ces *logoi* divins coopèrent *à la fois* l'Empereur par sa volonté et par les largesses de son pouvoir, les architectes par leur science et leur art et, de surcroît, le poète qui, par son inspiration et sa technique rhétorique, est celui qui rend l'évidence de tout ceci, en donnant à voir l'œuvre entière et en en rendant simultanément le dessein intelligible dans ses vers.

1 L'expression de la collaboration entre le despote et le poète apparaît au début de la description de l'Ambon (v. 5-6) ; elle rappelle, comme en écho, d'autres expressions qui induisent le même sens d'acte démiurgique commun par le *logos* : [...] τοῦτο γὰρ τοῖς σοῖς λόγοῖς / ποιεῖς, κράτιστε, γνώριμον καὶ βαρβάροις. (« Car cela, par tes paroles tu le fais connaître, ô très puissant, même aux Barbares », *Description de l'Église*, v. 4-5) ; Εἰ μὴ γὰρ εὐτόλμως τε καὶ φρονῶν μέγα / ἐδημιούργει τὸν νεὼν ὁ δεσπότης / πάσης ὑπερβὰς ἐλπίδος θεωρίαν, / [...] (« Car si, plein de belle audace et de généreuse ambition, le souverain n'avait pas façonné le temple, spectacle passant toute attente, ... », *Description de l'Eglise*, v. 116-118). Voir aussi *infra*, *Cahier IV*, plusieurs passages cités. Cette articulation déterminante entre le *logos* et ses puissances créatrices et fabricatrices apparaît autant dans la description de l'ambon que dans celle de l'église entière, à la fois dans le prologue et au moment même de la consécration. Il s'agit, certes, d'un jeu sur le terme unique de *logos* qui désigne le Fils et la parole de Dieu, l'engendrement et la transmission de la pensée, mais ce jeu est le signe d'un problème théologique majeur, à savoir la difficulté de concevoir philosophiquement le statut double du *logos* et donc l'Incarnation. Je pense que l'on peut voir ici aussi un écho du Prologue de l'Évangile de Jean, comme dans le cas de l'oxymore « lumière qui brille dans la nuit », cité plus loin. M.-C. Fayant (p. 48-49, 62-63 et 132-133, *Ekphrasis...*, *op. cit. supra*) y voit au contraire une preuve que l'église entière de Sainte-Sophie est conçue comme un éloge de l'Incarnation et non comme une recherche conceptuelle des conditions de possibilité de celle-ci, sous le signe tutélaire de la sagesse et de l'esprit réunis.

LA COULEUR :
RECOUVREMENT ET RAYONNEMENT

D'une part, donc, cet édifice en cours de consécration ; d'autre part, ce poème qui le décrit, rendant gloire à celui qui a disposé la construction matérielle afin de rendre gloire à la sagesse de Dieu par le fruit de la rencontre entre la nature, l'art et la pensée. L'édifice, tout comme le poème ekphrastique, cherche à circonscrire un objet qu'aucun moyen ne peut réellement circonscrire. L'un et l'autre travaillent à cette fin avec la pierre et cherchent à en extraire une définition juste, en fonction de l'objet visé. La pierre est le moyen de recouvrement de la lumière, mais aussi ce en quoi la lumière peut rayonner, bien que la pierre soit l'espèce matérielle la plus éloignée du support nécessaire à la manifestation de la lumière. Mais la pierre est aussi le moyen de recouvrement du vivant, ce sur quoi le vivant trouve son support d'existence, bien que la pierre soit également l'espèce de substance la plus étrangère à la substance que requiert nécessairement l'existence d'un vivant. Par *identité différée*, par *substitution* et par *antithèse*, l'architecture et la poésie arrivent à rendre compte de la réalité métaphysique de leur objet incirconscriptible et intraductible en formes et en paroles. Paul, tout comme Anthémius et Isidore, le poète, tout comme les architectes, fait alors de la pierre le réceptacle privilégié de la transfiguration qu'opèrent la lumière et l'expression du vivant en rendant évidentes les apparences naturelles et en mettant au jour en même temps la visibilité non pas immanente mais intelligible – cette géométrie subtile des formes qui s'articulent en un tout cohérent, à même de constituer un lieu, un corps et une image ou un reflet du principe transcendant.

La couleur est le moyen de proximité utilisé à cette fin. La couleur en architecture et la couleur dans le poème sont les deux faces d'une modalité unique qui consiste à déplacer le sujet invisible sur le terrain de la visibilité la plus immédiate : non une couleur feinte, issue d'images d'une picturalité mimétique et artificielle, surajoutée aux surfaces architecturales, mais une rencontre naturelle de tons et de valeurs qui dessinent, au hasard de la découpe des pierres, des figures abstraites, des prairies d'étoiles et des vibrations de soleil dans l'eau. Le poème, comme l'église, est construit de ces tons chromatiques qui ondulent au gré des surfaces lisses, à fleur de mur, des tons qui manifestent la luminosité surprise dans la traversée de la matière. La pureté est l'œuvre du temps, de l'alchimie géologique et du geste qui s'efface devant l'objet au moment même où il le met en évidence. Mais, qu'il soit tout neuf extrait des carrières, ou vieux bloc enlevé à des temples antiques, aucun des objets matériels présents n'apparaît en tant que tel. Rien n'est mis en valeur en tant qu'objet singulier, aussi rare et précieux soit-il. Tout est support d'un travail finement ouvragé, résultat le plus souvent d'un polissage à différents degrés qui transforme l'ensemble des parties en des plans de réfléchissement d'une nuance particulière issue de la rencontre la plus étonnante qui soit[1]. Une nuance ou un ton se révèle donc en chaque objet, mais pour le dépasser, pour transgresser ses limites, en effaçant de la sorte les traits de son identité objective. Une nuance ou un ton, mais jamais une couleur franche comme du pigment pur, car il faut que la vie soit rendue supportable aux yeux des humains ; il faut se garder de brûler la rétine d'un éclat meurtrier ou de rendre le regard coupable de visions et de confusions idolâtres. Il en va alors du traitement des couleurs comme de la statue polie à l'intérieur de l'homme, selon le vieux *topos* platonicien : frotter et enlever le superflu jusqu'à ce que la forme parvienne à la perfection et permette de rendre visible la trace du Beau ou l'ombre de Dieu qui passe. Les colonnes, les pilastres, les murs sont des supports de tons chromatiques d'un éclat doux et mat sur lequel jouent en liberté les ondes et les rayons. Leurs surfaces se rejoignent en un *continuum* qui constitue la peau d'un grand vivant, la visibilité immanente et perpétuellement mobile de la lumière vive.

Délavées, les couleurs respirent sous cette peau vivante de la lumière. Les tonalités sont pâles et semblent se fondre dans la lumière en lui prêtant une épaisseur ou une profondeur et en recevant en échange la légèreté d'un souffle ou d'un nuage porté par la lumière tel un reflet par un courant. Corrompues par la lumière descendue dans leur matière,

1 Le poème ekphrastique de Paul renoue avec une vieille tradition hellénistique d'énumération et de description de marbres de diverses origines par leurs couleurs, par les effets de polissage et par leurs reflets dans l'eau. Un des plus anciens textes du genre est une description-dédicace en vers d'un Nymphée, une fontaine de l'enceinte du palais royal d'Alexandrie de l'époque de Ptolémée Philopater (IIIe s. av. J.-C.). Le texte est conservé dans un papyrus du Musée du Caire. Voir H. Lavagne, Operosa Antra. *Recherches sur la grotte à Rome de Sylla à Hadrien*, École Française de Rome, 1988, p. 127-131.

les couleurs apparaissent en outre comme rendues exsangues par tous les regards qui s'en sont nourris, qui les ont contemplées, effleurées de leurs doigts invisibles. La palette chromatique du Silentiaire est entièrement composée de mélanges de tons, de matières et d'espèces : des roses pâles mêlées de blanc nuageux[1], des flocons de pourpre[2] dans du vert chlorotique[3], des jardins et des forêts dans l'émeraude claire[4], du jaune livide moucheté de sang, d'or, de safran et d'argent[5] ; des pierres à éclat noir et profusion de veines de lait, ou à éclat blanc de neige aux lueurs noires ; des cheveux d'or et des spirales de rouge garance[6], des lueurs morbides d'ivoire vieillissante[7] et des veines bleues dans le satin d'une peau blanche[8] ; des fleurs de feu et des rameaux d'argent[9], des lys et des anémones dans les riches jardins de marbres[10], sous les rayons rougeâtres du couchant[11].

Constantinople « la Fleurie » – *Anthousa* était le surnom de la capitale byzantine[12] – concentre dans son église la gamme complète que pouvaient lui offrir les matières précieuses venues de toutes les régions de l'Empire ; mais cette richesse, étayée par les accents des tesselles d'or, tient entièrement dans le registre des effets subtils. Le dessein n'est pas d'écraser par

---

1 *Ekphrasis*, v. 410, 620-646. Pour toutes les expressions mentionnées dans ce paragraphe, voir les larges passages cités *infra*, dans le *Cahier IV*, qui les resituent dans leur contexte.

2 *Ibid.*, v. 377.

3 *Ibid.*, v. 388, 556-557.

4 *Ibid.*, v. 539, 556-557.

5 *Ibid.*, v. 620-646, Ambon, v. 100.

6 *Ibid.*, v. 653, Amb., v. 84-85.

7 Amb., v. 94.

8 Amb., v. 152-153.

9 Amb., v. 196.

10 Amb., v. 140.

11 Amb. v. 162. Les vers sont extraits à la fois du poème consacré à l'église entière et de celui dédié à l'ambon de Sainte-Sophie. Il ne s'agit pas d'une liste exhaustive de couleurs et de matières, mais d'une simple série d'exemples. Dans le dossier de textes ajouté à la fin de ce chapitre (*Cahier IV*) figurent aussi d'autres noms et figures évoquant les couleurs et les rapports entre la lumière et les matériaux. Pour comparaison avec la nomination des couleurs dans les textes ekphrastiques de tradition sophistique, voir l'article d'É. Prioux, « I colori di Filostrato il Vechio. Dalla pittura delle emozioni e dei caratteri alle metafore dell'opera sofistica », in Ekphrasis, a cura di S. Marino e A. Stavru, *Estetica. Studi e ricerche*, 1/2013, Aracne editrice (p. 163-185, et en particulier les listes des occurrences chromatiques p. 179-185).

12 *Ekphrasis*, v. 156. Pour ce surnom, qui reprend en grec le surnom de Rome, *Flora*, voir M.-C. Fayant, *op. cit.*, p. 157 et G. Dragon, *Constantinople, naissance d'une capitale*, Paris, 1974.

la quantité et par les dimensions ; il s'agit, au contraire, de les dépasser, dans la recherche d'une expression de l'unité et de l'universalité qui sont au-delà de toute catégorie et de toutes les oppositions. En outre, l'église est comparée à un phare de la nouvelle ville impériale située entre les continents. Au carrefour des directions cardinales, elle recèle toutes les lumières de l'univers, mais elle illumine à son tour, puisque son « visage » se tourne simultanément vers le rose ému du premier matin, tout autant qu'il regarde vers la dernière lueur de sang du jour final. Le symbolisme cosmologique de la construction et le sens théologique de l'*ecclesia* se fondent l'un dans l'autre et s'appuient mutuellement.

L'INSCRIPTION DU RYTHME OU LE BATTEMENT DE LA LUMIÈRE

Paul le Silentiaire emploie constamment l'opposition des contraires pour évoquer l'éclairage du bâtiment. Cependant, l'alternance cyclique de lumineux et d'obscur est systématiquement contredite par l'usage fréquent de l'oxymore : « soleil dans la nuit », « aube vespérale », « lumière nocturne » ou « flambeau plongé dans le réceptacle nocturne (φέγγεος ἐννυχίοιο δοχήϊον)[1] » sont des exemples typiques. La lumière luit dans les ténèbres, comme dans l'évangile johannique, les astres sont le « rire de la lumière » dans la nuit (le « rire du ciel » dira Dante pour évoquer à son tour le ciel étoilé), car la lumière apporte la joie dans le cœur des fidèles comme l'empereur est censé leur apporter la paix et l'espérance de la vie éternelle. Le poème invite par moment à un voyage dans l'espace céleste et l'édifice est décrit comme une espèce de lanterne du monde et comme un phare pour les navigateurs à l'embouchure de la Corne d'or et de la mer de Marmara, phare, et donc signe visible d'une nouvelle « terre promise » encore invisible.

Mais la plus grande subtilité littéraire de Paul n'apparaît pas dans les contrastes de valeurs jour/nuit qui inscrivent l'église dans un cycle

1 Ce sont des expressions quasi récurrentes dans le poème (*Église*, v. 826, v. 918 etc.), décrivant tantôt les effets chromatiques des marbres, tantôt les fenêtres et le jeu des lumières de jour et de nuit, et tantôt les luminaires singuliers ou en couronnes dont était richement pourvue l'église de Justinien. Voir quelques passages cités *infra* (*Cahier IV*).

cosmique, bien que l'opposition lumière-obscurité soit souvent évoquée et qu'elle soit constamment renversée par une incorporation réciproque des opposés. L'attention du poète, et son goût peut-être, sont davantage attirés par le rythme binaire de l'association chromatique, rythme assuré par la juxtaposition de couleurs ou de tons le plus souvent voisins dans le spectre. Ce rythme subtil de la répétition des couleurs associées détermine le caractère ondulatoire des impressions et renforce la puissance visuelle de la description sans produire un effet de picturalité et sans induire une recherche figurative et mimétique. En insistant sur l'association de couleurs ou de tons, le Silentiaire produit non pas un « tableau » mais une expression aniconique et spatiale, proche de celle d'une installation visuelle pure : les couleurs ne sont pas des moyens, mais sont là en tant que telles. On se réjouit de la rencontre du doré et du vert clair, on cherche les points de passage entre le vert-jaune et le vert-bleu, on suit des yeux les glissements de proximité infinitésimale de tons ou les rencontres plus expressives par leur contraste, blanc et rouge ou jaune et rouge, sans jamais (ou presque) se heurter à la violence d'une juxtaposition de complémentaires. Ces glissements d'une couleur à l'autre sans rupture assurent le *continuum* de l'éclat et donnent comme un rythme de respiration, de souffle léger qu'évoque aussi le traitement lisse des surfaces accueillant volontiers le jeu des reflets, rythme continu censé offrir une matérialité à l'ondulation de la lumière et, plus encore, évoquer le doux battement du cœur. Dans son habitacle subtil et somptueux, la « sagesse », bien qu'invisible en elle-même, occupe l'espace en empruntant à la lumière cette respiration et en devenant comme elle une présence vivante, mobile et douée d'ubiquité.

L'absence volontaire de toute brutalité dans la juxtaposition des couleurs, met aussi en évidence les mélanges de formes différentes d'« incarnation » de la couleur : dans la matérialité de la pierre les couleurs voltigent comme des flocons, se diffusent comme des taches, frémissent et s'embrassent comme les ondes en spirale lorsqu'un vent léger hérisse la surface de l'eau. La rencontre *par affinité* des couleurs rachète la dureté de la simple juxtaposition technique des matériaux. La préférence de l'auteur va néanmoins à la gamme du vert[1] : il cite fréquemment le vert clair, végétal, une sorte de vert tendre, pâle, frais ou blême, pareil

1 Je ne pense pas que l'insistance de Paul le Silentiaire sur la gamme du vert trahirait une préférence politique pour le parti des « Verts » au dépend de celui des « Bleus », le parti

à des jeunes pousses ou à une herbe à peine sortie de la nuit de la terre. Il s'agit d'une préférence pour tout ce que dans la matière inerte de la pierre rappelle la vie, ses couleurs, sa lueur qui avive le regard et fait frissonner la peau. Un intérêt pour tout ce qui rappelle le mouvement vital, le jaillissement et l'engendrement, et plus particulièrement pour tout ce qui dans l'expression courante peut rappeler, par le souffle, la présence vivante et vivifiante de l'âme et de l'esprit. Le poème inscrit l'expérience physique de cet espace unique consacré à la *Sophia* divine dans une perspective à la fois cosmique et pneumatique, fabriquant une sorte d'image générique qui se voudrait le reflet sensible de ce que la philosophie platonicienne avait défini comme « âme du monde ».

Quant aux métaphores de la lumière qui ne font apparaître aucune couleur précise, celles-ci réfèrent encore au monde végétal (« fleur de feu », « arbres à la frondaison de feu », « prairies de lumière », « rameau d'argent »), ou alors à une anthropomorphisation archaïsante des phénomènes lumineux et des phénomènes physique en général (« cheveux de lumière », « rire de la lumière », « doigts de rose », « chevilles de rose » etc.). Ce sont le plus souvent des métaphores d'inspiration soit homérique soit biblique, toutes en usage dans la littérature de son temps. Le Silentiaire n'est pas un inventeur de figures mais un bon lettré, bien instruit et sans doute plus fasciné par le monde ancien que nombre de ses contemporains ou que des auteurs du siècle précédent, comme Nonnos de Panopolis ou Christodoros de Coptos, dont il emprunte quelques images mais sans suivre leur exemple pour l'invention thématique.

Dans la description des marbres colorés, comme dans celle des luminaires, la couleur ou la luminosité sont donc les expressions du *mouvement*. Mais ce mouvement ne déploie pas un spectacle auquel l'œil assiste passivement. Tout au contraire, il traduit autant par la vue que par l'ouïe, dans la récitation et l'écoute des vers, l'intégration de chacun des êtres qui pénètre l'espace dans un mouvement d'aspiration, d'absorption dans un élan unique qui métamorphose chaque individu en un vivant du « royaume ». Les moyens visuels mis en œuvre sont, certes, les plus frappants. Tantôt l'œil suit le mouvement sinueux, l'ondulation aquatique des formes végétales et des vagues circulaires innombrables qui vont et viennent, crépitent sans arrêt, vagues qui

de la « bourgeoisie » contre celui des « aristocrates » (hypothèse d'interprétation évoquée par P. Chuvin dans l'introduction à l'édition française du texte).

seraient la traduction immanente d'une émanation (procession ?) de la lumière dans la matière physique du monde. Tantôt le regard est surpris par des éclats, des lueurs, des brillances, des scintillements, des chatoiements, des feux soudains que jettent aléatoirement les astres enchâssés, ces étoiles prises dans les marqueteries de pierres, sur des surfaces où l'ombre et la lumière se disputent des qualités de pâleur, de diaphanéité et néanmoins de clarté nécessaire pour que l'œil puisse surprendre par contraste un éclat intempestif, l'irruption d'une lumière inattendue et sans cause apparente immédiate. Le regard entre alors en communion en suivant pas à pas et de plus en plus loin la danse immobile des étoiles sur l'orbe, dans le « ciel des parfaits ». Mais dans les deux cas, mouvement ondulatoire, tourbillonnant, ou brillances éparses clignotant dans l'obscurité des espaces cosmiques, il ne s'agit pas d'aveugler mais d'immerger le regard dans les subtilités de la nature, de lui apprendre les mouvements délicats, souterrains, de l'affiner en quelque sorte en l'aiguisant pour qu'il saisisse le moindre détail et qu'il découvre en fin de compte les vertus de la contemplation dont il ne se détachera plus. Les pierres de Sainte-Sophie sont là pour apprendre aux yeux l'habitude de déceler sensiblement, à la portée de la nature humaine, dans sa perception partielle et singulière, les marques et les signes des agissements de la *phusis* nourricière imprimés dans la matière universelle. Ces marques et ces signes traduisent les règles formalisées d'un spectacle qui ne prend jamais fin : le spectacle de l'union de la *phusis* et de la *sophia*, de la divine inspiration et de la création naturelle, spectacle dont tous les êtres sont eux-mêmes acteurs, et qui est toujours un spectacle vivant, en acte de révélation continuellement.

Pouvoir saisir, lire presque « les empreintes de la nature dans la pierre » (γραμμαῖς ἀλλοπρόσαλλα φύσει σφρηγίσματα πέτρης)[1], ne signifie donc pas seulement la possibilité de se figurer la grandeur de l'Empire à travers la diversité et la richesse de ces empreintes de traits et de couleurs, bien que les pierres réunies dans Sainte-Sophie égrènent, il est vrai, toutes les régions où se trouvent des gisements pouvant assurer un tel étalage de « prairies de marbres » multicolores[2].

1 *Ambon*, v. 274.

2 Voir l'étude de M.-C. Fayant et P. Chuvin concernant la localisation des carrières et des constructions anciennes d'où ont été extraits les marbres et les autres pierres dont est construite Sainte-Sophie, dans l'introduction à l'édition du texte ekphrastique.

Les marqueteries de pierres polychromes, d'origines diverses, sont certes un vieux signe de la culture impériale d'origine orientale. Nonnos de Panopolis l'utilise aussi pour décrire, mais sans détails, le palais de Cadmos[1]. Mais il y a quelque chose de plus chez Paul le Silentiaire, outre la palette très diversifiée qu'il cite avec une évidente volupté dans les yeux. Les couleurs, qui sont dans la littérature ekphrastique le signe de la peinture, sont ici utilisées dans un dessein tout autre que pictural, car les matières auxquelles fait référence le Silentiaire ne sont pas des supports de peinture mais, tout le contraire, des panneaux aniconiques, des panneaux abstraits, dépourvus de toute représentation figurative. Il ne s'agit, par ailleurs, ni de recettes techniques comme chez Pline l'Ancien ou Vitruve, ni de simples métaphores pour un enchaînement sophistique, telle la galerie de tableaux de Philostrate. Et d'ailleurs, lorsque Paul mentionne la présence de représentations figuratives (la « Mère du Christ » : Ἄλλοθι δὲ Χριστοῖο κατέγραφε μητέρα τέχνη[2], ou les archanges qui l'accompagnent, représentés en mosaïque) aucune couleur n'est mentionnée ni aucune technique, alors que les « prairies de marbres » sont, elles, souvent comparées à des mosaïques de tesselles ou à des peintures, comme s'il s'agissait de dessins et de traits colorés de pinceau, ou même de figures et de tableaux de genre que la nature se serait amusée à réaliser sous terre. Les genres de l'expression, comme les catégories de l'être, sont donc eux-aussi renversés.

---

1 *Dionysiaques*, chant V, v. 58-59 : ἑτερόχροα πέτρην ἐργατίνης Βοιωτὸν ὑπὸ κλέτας, … (*op. cit.*, t. II, p. 112). Il s'agit d'une tradition monumentale qui remonte au Mausolée ; voir A. Rouveret, « Vitruve et les faux-semblants », in *La pittura parietale in Macedonia et Magna Grecia*, Paestum, 2002, p. 105-124.

2 *Église*, v. 709. L'usage de cette dénomination mariale, « Mère du Christ », à la place du nom canonique de *Theotokos* (« Mère de Dieu ») établi depuis le concile d'Éphèse (431), pourrait être soit le signe d'un penchant nestorien de la part de Paul le Silentiaire, soit, moins crédible toutefois, une licence poétique due à la règle qui veut que dans des vers de type homérique, volontairement archaïsants, soit exclu tout néologisme, et en l'occurrence, autant que possible, le vocabulaire spécifiquement chrétien. Un cas similaire apparaît au v. 344 dans l'appellation du patriarche comme « intercesseur » (*cf.* M.-C. Fayant, *op. cit.*, p. 159).

LA MATIÈRE PREMIÈRE ET UNIVERSELLE

En réalité, le dessein de la description est ici différent de celui d'autres textes descriptifs d'œuvres d'art. Le poème dépasse le genre puisqu'il répond à la destination de l'édifice dont Paul le Silentiaire se fait chantre et témoin. Les couleurs des matières nobles de la construction sont là pour rappeler ce dont les tons exquis et les éclats ne sont en effet que la trace. L'empereur a ouvert les portes du ciel resplendissant en enfermant le regard dans un palais d'éclats somptueux, un « palais de beautés changeantes », avec, en son sein, « des milliers d'autres lumières suspendues par des chaînes[1] ». Le poème décrit le choc ressenti par la perception à la saisie de ces apparences immaîtrisables et décrypte en même temps le sens métaphysique du geste de l'empereur : bouleverser pour libérer les facultés sensibles de leurs propres entraves, des frontières, des limites de la perception ; libérer aussi l'esprit des chaînes sensibles tout autant que d'une domination univoque par le *logos*. Car c'est la nature elle-même qui a enfanté les moyens présidant à la libération des facultés réceptrices et des puissances expressives de l'homme et, en l'occurrence, de l'esprit. La *tekhnè* des tailleurs de pierre et le génie mathématique et philosophique des architectes ne font que révéler un mouvement d'enfantement perpétuel qui préexiste, qui est depuis toujours inscrit dans la géométrie parfaite de la matière universelle. D'innombrables veines de lumière attendent enfouies dans les blocs de marbre la découpe d'un filon et leur mise en évidence comme autant d'éloquentes louanges muettes adressées au démiurge-*Créateur*. Transformés en parois d'église et mis tous sous le signe de la divine Sagesse, ces blocs montrent désormais l'unité exemplaire de la parole agissante (*logos*) et de l'image réflexive (*eikôn*) de Dieu, unité exemplaire dévoilée par le poème de Paul. Le message est là, et il n'a pas besoin d'autres appuis explicatifs, d'autres moyens figuratifs, d'autres astuces littéraires. Nous sommes encore dans un régime de confrontation avec les œuvres et les expressions du monde païen[2] ; c'est

1 *Église*, v. 884-885 : Μυρία δ' αἰολόμορφον ἀνάκτορον ἐντὸς ἐέργει / ἄλλα πολυγνάμπτοισι μετάρσια φάεα σειραῖς.

2 Le véritable renouvellement des expressions figuratives ne suit pas immédiatement les changements structurels de la société byzantine. Ce n'est que bien plus tard, au lendemain de la crise iconoclaste, que se généralise un langage visuel spécifique de type iconographique.

donc en dialogue avec celles-ci qu'il faut encore travailler pour montrer le changement radical et déceler les clefs de tous les renversements opérés dans ce lieu charnière où s'érige comme *église* un « monument » à la gloire du principe par lequel Dieu se laisse penser.

Chaque pierre évoquée dans le poème du Silentiaire est donc une illustration *à la lettre* de la relation dialectique entre *phusis* et *tekhnè*. Mais en même temps, l'ensemble de ces pierres, devenues blocs parfaitement taillés de marbres polychromes, constitue la maison de la Sagesse. Se réalise ainsi, dans cette articulation d'engendrement et de création, de *genêsis* et de *poiêsis* naturelle et technique, l'unité paradigmatique entre la nature du monde et l'artifice des arts. Le choix de mettre cette unité sous le signe de la *Sophia* et de la présenter comme un *continuum vivant*, comme si la « sagesse » s'identifiait à l'« âme du monde », tient évidemment d'une option à la fois théologique et politique. S'affirme ainsi l'union de toutes les puissances créatrices sous la coupole vaste, aérienne, cosmique de Sainte-Sophie, une réunion des multiples en un principe unique, sans indiquer du même coup une « personne » sous l'identité de ce principe unique, sans indiquer la « personne » de l'empereur en l'occurrence, qui, se substituant ainsi à l'Un tout puissant ou au Fils, donnerait un statut inapproprié au principe de Dieu. Au carrefour des puissances créatrices et dominatrices de ce cosmos parfaitement ordonné et orné, la place centrale doit rester vide. La Sagesse n'est pas en un lieu mais elle est *le lieu* où se stabilise le substrat universel, où prend forme le « trône » ou le fondement du monde, et où est assurée en même temps l'animation, la génération perpétuelle, la vie sans fin des espèces. Pour cette même raison, l'unité créatrice qu'assurent les forces vitales et les puissances de l'esprit n'est pas une unité issue de l'opposition des contraires, de l'être et du non-être, mais une unité des multiples qui se réduisent par conversion et par retour à l'unité.

Même si les moyens littéraires du poème sont redevables à la sonorité des vers homériques et aux métaphores de toute une tradition rhétorique antique particulièrement prisée par les sophistes, il est évident que l'officier de la cour de Justinien ne réduit pas ses ambitions aux enjeux rhétoriques de sa création poétique. Sans tenir des propos philosophiques explicites, Paul le Silentiaire laisse clairement entendre qu'il n'est ni étranger à l'héritage néoplatonicien concurrentiel avec les doctrines du christianisme[1], ni *a fortiori* éloigné des positions impériales sur le principal sujet du débat théologique de son époque. L'audace de l'empereur, réitérée avec subtilité par Paul, fut de répondre aux inconciliables positions héritières du concile de Chalcédoine[2] par un glissement subreptice depuis le *Logos*-Fils, dieu et homme, vers une équation *Sophia-Phusis*, sagesse-nature, qui, à défaut de résoudre le paradoxe de la double nature divino-humaine, le déplace sur le terrain de la création, de la collaboration à l'œuvre cosmique divine, et l'exprime avec des moyens intellectuels empruntés à la philosophie des triades intelligibles et de l'âme cosmique.

Une sensation de vertige perpétuel est engendrée par l'impression de légèreté, par la subtilité des transitions qui ne laisse aucune place au répit, par le choix des formes de préférence rondes, ondulées, circulaires, en mouvement serpentin, et par l'agencement des lumières naturelles et artificielles dans un éclairage censé changer les proportions des volumes et décloisonner l'espace. Le vertige est créé par l'indétermination absolue des formes et des lieux : ni commencement ni fin, mais continuité perpétuelle, jaillissement et épanchement continus. La construction s'érige en partenaire absolue de la *phusis*. Un subtil miroitement des formes les unes dans les autres, souligné par des occurrences de type *pars pro toto* dans le texte, ajoute son effet réflexif enivrant à cette impression voulue de vertige. Le changement constant de l'ordre de proportion – avec des ouvertures « cosmiques » dans un détail de pierre dans laquelle brillent les étoiles, en même temps que des balayages de grands espaces en un clin d'œil – provoque le vertige voulu, mime le caractère performatif

1 Peut-être le Silentiaire n'est-il pas étranger à la doctrine plotinienne, et en l'occurrence gnostique, d'une matière intelligible (Plotin, *Ennéade* II, 4 [Traité 12], 2-5). Mais il est sans doute trop audacieux de notre part de considérer que le traitement particulier dont jouissent les couleurs et les matières de construction en rapport avec le thème de la sagesse divine et avec le rôle d'animation du lieu qui revient à la lumière, serait dans le poème ekphrastique de Paul le fruit d'une inspiration plotinienne.

2 Dirigé contre le monophysisme, le concile œcuménique de Chalcédoine (451) est entièrement consacré aux débats sur la christologie, en particulier sur les deux natures du Christ ; il promulgue la double consubstantialité du Fils : divine avec le Père, humaine avec l'homme. De puissants courants monophysites subsistent toutefois au VIe s. dans tout le christianisme oriental, y compris à Byzance ; on a attribué une orientation monophysite nestorienne à l'impératrice Théodora et à une partie de la cour (voir aussi *supra*, page 129, note 2, à propos d'une expression « nestorienne » utilisée par Paul le Silentiaire). Les écrits théologiques de l'empereur Justinien, qualifiés de « néo-chalcédoniens », répondent à la persistance des doctrines monophysites.

(la cérémonie processionnelle décrite) et en assure en même temps la distance, en soulignant volontairement l'artificialité de l'entreprise, le caractère fictionnel, le trompe-l'œil littéraire de la synthèse des genres ekphrastique et encomiastique dans lesquels s'inscrit rhétoriquement le poème du Silentiaire.

Cependant, une articulation flexible s'installe entre la parole et les différents niveaux visuels entre lesquels navigue la langue du poème ; les métaphores de l'énonciation arrachent l'image à la visibilité immanente de chaque objet identifié par l'énoncé et s'emploient à le transfigurer radicalement, comme si rien ne pouvait être réellement identique à ce qui apparaît. Une telle désarticulation entre l'aspect et l'identité des choses, assortie à une articulation flexible et multiple entre la parole et la référentialité changeante de chaque image, permet d'établir des passerelles inattendues entre le texte, son but performatif et l'objet décrit, et d'outrepasser en conséquence les limites décriées par l'auteur : tantôt le poète dénonce les limites du discours car l'objet décrit est merveilleux au-delà des mots, tantôt il se plaint des limites de la perception sensible puisque l'espace lui-même coupe le souffle et installe le *vertige* et l'*effroi* – expressions propres à une esthétique du sublime. Ainsi l'officier poète, chargé de la garde du silence dans le palais de l'empereur, déplace-t-il la réception depuis l'objet vers la signification, ouvrant un horizon de compréhension de l'œuvre à la mesure de l'ambition de Justinien et du but théologico-politique qui pousse l'empereur à construire une maison pour la *Sophia*. L'écriture est non seulement concomitante avec le travail de construction mais également participative à l'œuvre, car c'est elle qui ouvre les yeux sur ce que les contemporains n'avaient jamais vu jusque là et qu'ils n'auraient pas été capables de voir réellement sans les paroles du poème descriptif et interprétatif à la fois. Depuis, chaque lecture du poème est censée réitérer la cérémonie de consécration, mais les mots, jadis comme maintenant, ne montrent pas des volumes, des espaces, des colonnes, des chapiteaux, des voûtes, des balustrades, des chapelles, des surfaces lisses et des ornements destinés au regard, ni ne permettent de suivre pas à pas le trajet qui fut emprunté par le cortège impérial. Les mots construisent de manière quasi autonome le *topos cosmique et eschatologique* du monument. Ils font voir ce à quoi ils réfèrent eux-mêmes en se projetant sur les murs du bâtiment. Car ce sont bien les vers qui témoignent de ce que doit être la Sainte-Sophie ;

ce sont eux qui doivent révéler la dimension subjective et transcendante de l'architecture et définir, à travers cette dimension, le but visé par l'empereur. La construction réalisée par Anthémius et par Isidore s'achève, comme pour tout monument, là où les formes sont saisies, les espaces parcourus et les mots eux-mêmes entendus ; elle s'achève, autrement dit, dans l'âme, là où s'opère la conversion de l'être face à la vision du « royaume » promis.

SAGESSE, SACRALITÉ, ESPRIT

Des belles paroles sonnantes et trébuchantes de Paul le Silentiaire, semble se dégager l'enseignement suivant. Sainte-Sophie n'est pas une église, au sens habituel du terme, mais un *monument*, un lieu de la gloire et donc, un lieu sacré par excellence. L'Un divin et invisible autour duquel tourne le poème performatif et qui est aussi au centre de la savante construction décrite, demeure toujours l'Un des néoplatoniciens, approché grâce à son déploiement dans une triade qui comporte dans l'ordre de la procession *noûs*, *psuchê*, *zoê*, l'esprit, l'âme, la vie. Tout le poème est une expression éclatante et un témoignage des actes propres de l'esprit, de l'âme et de la vie manifestés dans le cosmos. Et tous les mouvements décrits vont dans le sens d'une procession, puis dans le sens contraire de la procession, mouvement d'aller-retour qui est traduit par des ondulations, des circonvolutions, des détours et des chemins de pourtour, tel un rayon qui balaye l'espace au fil des heures et des saisons, toujours dans le même sens et toujours de retour au même endroit au bout de chaque cycle accompli. La cosmicité, évoquée de manière récurrente dans le poème, s'accorde d'ailleurs bien avec la procession, tandis que le retour, noué invisiblement autour d'un renversement du sens, l'*epistrophê*, représente la modalité par laquelle tient toute la signification donnée à l'œuvre – en d'autres termes, la conversion pratiquée par les philosophes et dont se sert ici le langage raffiné du rhéteur pour convertir la matière en visibilité (φανερά), puis en paroles signifiantes, puis en support du silence et de la contemplation. Une conversion du matériel, de l'immanent, du sensitif, du naturel en leur contraires et encore en contraires de leurs contraires. L'architecture de Sainte-Sophie, défiant toute concurrence, est aussi une démonstration de ce même processus[1]. Mais, au-delà de cette remarque s'appuyant sur l'analyse des effets rhétoriques du poème et sur les sources concernant le dessein conceptuel des architectes, adeptes d'Euclide et de Proclus, subsiste aussi un fond polémique au sein de la théologie chrétienne.

Sainte-Sophie est donc une construction théologique au sens le plus abstrait du terme. Elle traduit en géométrie une réflexion sur le mystère de Dieu, non sur l'économie divine et donc sur l'Incarnation et le salut. Cette construction impériale, perçue comme « réplique » au prestige dont jouissait encore le temple détruit de Salomon, affirme l'existence de Dieu et exprime, à la couture entre le ciel et la terre dont elle se veut la synthèse, la gloire absolue de son pouvoir manifestée comme Sagesse. Cette vision, laissant si peu de place à la créature, au lien, à la rupture et à la restauration, n'est pas entièrement « orthodoxe ». La conception de l'édifice, comme le poème qui le décrit et comme bon nombre d'intellectuels de la cour de Justinien, respire encore un air d'arianisme néoplatonicien sous des options monophysites, nestoriennes, gnostiques ou franchement païennes, mythologiques. Bien que cet aspect des choses soit connu, il demeure discret, en marge du caractère spectaculaire du monument et de l'événement de sa consécration.

Le rapport entre « théologie » et « économie », entre mystère de Dieu et mystère de l'homme, est au fond un rapport entre les deux acceptions historiques qui ont été données au concept de *logos*. Ces deux acceptions trouvent dans le cas décrit une application et une expression dans le domaine monumental. Soit on considère le *logos* comme acte propre du *noûs*, de l'esprit ou de l'intellect, et le *logos* peut alors, à ce titre, couvrir l'intégralité du manifesté par la dialectique qui lui est propre depuis la philosophie classique : la dialectique entre le pouvoir de démonstration et le pouvoir de signification – en somme par les deux pouvoirs du langage. Et dans ce cas la théologie, réduite au pouvoir du langage, est appelée à résoudre le passage de l'Un au *logos* par l'intermédiaire obligé de l'intellect, en assumant du même coup la divinité de ce dernier et en la convertissant à son système néoplatonicien ou chrétien.

1 D. J. O'Meara, "Geometry and the Divine in Proclus", chap. V, "St. Sophia : a geometry of divine ?" in *Mathematics and the Divine : a Historical Study*, ed. T. Koetsier et L. Bergmans, Elsevier 2005 (p. 135-145).

C'est la solution privilégiée par la philosophie, et plus précisément par un certain platonisme moniste païen ou chrétien des IIe-Ve siècles dont Sainte-Sophie serait encore l'héritière. Soit, au contraire, on accepte que le *logos* puisse s'autonomiser, qu'il puisse être l'expression unique d'une identité individuelle en recevant ainsi un statut substantiel particulier. Le *logos* est alors *en soi* acte, langage, expression, manifestation, en référant à chaque fois l'acte, la parole, l'expression, la manifestation à ce que le *logos* n'est pas, à savoir en en référant à son principe déterminant qui est l'être singulier dans son hypostase existentielle. Le Fils est dit *Logos* dans la mesure où il est l'image du Père et accomplit la volonté de celui-ci, tout en étant consubstantiel avec le Père, donc en étant *essentiellement* Dieu et en même temps *existentiellement* ou *hypostatiquement* lui-même, autonome et singulier en tant que « personne ». La difficulté insurmontable de la philosophie est de considérer cette séparation du *logos* comme une possibilité d'ordre substantiel et existentiel qui soit en outre appropriée au cas divin. C'est, en d'autres termes, la difficulté d'accepter qu'il y ait aussi un corps et nécessairement une existence soumise à la passion qui puissent s'ajouter à cette autonomie possible du *logos*, qu'il puisse y avoir donc une *incarnation* et que cette *incarnation*, visible et corporelle, soit de surcroît divine, demeurant consubstantielle avec un principe extérieur à son existence et par définition transcendant, puisqu'au-delà de l'être.

L'incarnation du *Logos* de Dieu comme Fils de Dieu subvertit la position accordée au *logos* par la philosophie classique. Mais cette subversion est fondamentalement « anarchique », déborde les cadres et comporte des risques majeurs liés à la détermination libre de l'identité de l'individu et à la caducité sous-jacente au devenir. Or l'Église, dite Église universelle, identifie elle aussi le *logos* avec l'Esprit qui est en même temps sa forme matricielle et son habitant (c'est du moins ce que stipulera le *Horos* de Nicée II[1]), mais, exactement comme le pouvoir impérial, elle

1 *Horos* du Concile Nicée II : Τούτων οὕτως ἐχόντων, τὴν βασιλικὴν ὥσπερ ἐρχόμενοι τρίβον, ἐπακολουθοῦτες τῇ θεηγόρῳ διδασκαλίᾳ τῶν ἁγίων πατέρων ἡμῶν, καὶ τῇ παραδόσει τῆς καθολικῆς ἐκκλησίας, τοῦ γὰρ ἐν αὐτῇ οἰκήσαντος ἁγίου πνεύματος εἶναι ταύτην γινώσκομεν, … [*His itaque se habentibus, regiae quasi continuati semitae, sequentesque divinitus inspiratum sanctorum patrum nostrorum magisterium et catholicae traditionem ecclesiae – nam Spiritus sancti hanc esse novimus, qui nimirum in ipsa inhabitat – …*]. (édition Mansi XIII, 373D-380B, in *Conciliorum Œcumenicorum Decreta*, Bologne, 1973, 135-137). « Puisqu'il en est ainsi, comme si nous marchions sur la voie royale, suivant l'enseignement théologique

évite soigneusement de singulariser le *logos* comme marque de l'existant individuel, en préférant une référence de type historique (historial) à l'Incarnation du Fils afin de réunir sous le signe d'un « événement » une communauté qui puisse fonctionner comme un seul homme, telle une armée sous le *labarum* victorieux de Constantin. La « voie royale », appelée ainsi par le *Horos* de Nicée II, indique le nouveau chemin choisi par l'Eglise une fois consommé le dernier avatar de la pensée théologique et politique de l'Antiquité. Ce chemin conduit le fidèle du *Fils* à *l'Esprit* : des Évangiles vers l'Église, de l'idée d'individu vers l'idée de « communauté », de la conscience d'un soi propre (*ego*) autodéterminé dans l'espace et le temps, vers une intégration du soi comme *sujet* d'une communauté établie. Ainsi, une fois la page du testament philosophique matérialisé par Sainte-Sophie définitivement tournée, reste le symbole du pouvoir terrestre et une option théologique prise clairement : celle d'un *logos* unifié sous le signe invisible de l'Esprit dans l'hypostase de tous les étants-sujets, participants à un corps unique partagé selon le modèle de la multiplication des pains.

---

de nos saints Pères et la tradition de l'Église universelle – nous savons qu'elle est l'Église de l'Esprit Saint qui habite en elle et avec lequel elle s'identifie, … » (trad. M.-Fr. Auzépy modifiée, in Fr. Bœspflug et N. Lossky, *Nicée II*, Paris, Cerf, 1987).

CAHIER IV
Paul le Silentiaire, Ekphrasis *de Sainte-Sophie de Constantinople et de son ambon.* Matière et lumière, le corps agissant du *logos*

LE DÉFI DU *LOGOS* ET LE RÔLE DES MOYENS VISUELS

La réciprocité de la parole et de la vue; des limites du regard aux limites du discours, et d'une liberté à l'autre.

Ekphrasis de l'église

Voilà ce qu'il en est (Καὶ ταῦτα μὲν δὴ ταῦτα). Maintenant que nous voulons avancer vers le temple (πρὸς δὲ τὸν νεὼν ἤδη), donne-nous la hardiesse. Que cela aussi soit l'un de tes miracles (Ἔστω δὲ τῶν σῶν καὶ τὸ δήπου θαυμάτων) : que naisse une œuvre osant décrire l'ouvrage qui vainc toutes choses par la surabondance de ses miracles ! (λόγους φανῆναι πρᾶγμα τολμῶντας φράσαι τὸ πάντα νικῶν θαυμάτων ὑπερβολῇ) (v. 60-77)[1]

« [...] Il t'arrive ce qui arriverait, sans doute, à qui prierait, avec une lourde insistance, le soleil de se lever avec le jour, la lumière de briller, les paroles d'être des paroles (τοὺς λόγους δ' εἶναι λόγους). » Et qu'il en aille ainsi, certes je ne saurais le nier. Mais quand je tourne les yeux vers le but (πρὸς δὲ τὸν σκοπὸν βλέπων), but entre tous le plus grand, que rien ne dépasse, j'ai peur devant l'épreuve. [...] En effet, s'il y avait quelque espoir qu'un discours vigoureux s'égalât au temple beau entre tous (Εἰ μὲν γὰρ ἐλπὶς ἦν τις εὐσθενεῖ λόγῳ συνεξισοῦσθαι τῷ εῷ τῷ παγκάλῳ), il serait hasardeux de se mettre en tenue pour une lutte où la victoire serait possible. Mais puisque nous savons tous que jamais paroles ne sauraient se mesurer aux actions du roi (ὡς οὐκ ἄν ποτε λόγος φανείη συντρέχων ταῖς πράξεσιν ταῖς τοῦ βασιλέως), et que de toutes ces actions la plus grande est l'édification du temple que voici (ἡ κτί σις τούτου νεώ), il ne faut pas, craintifs devant une cause entendue d'avance, rester sans audace, mais y mettre tout notre cœur, à la mesure de notre force ! Une mâle liberté de langage a du bon (Ἔχει τι χρηστὸν ἀνδρὸς ἡ παρρησία). Car si, plein de belle audace et de généreuse ambition, le souverain n'avait pas

1 Tous les passages des deux poèmes ekphrastiques du Silentiaire, de l'Église et de l'Ambon, sont cités dans la traduction de M.-C. Fayant et P. Chuvin. Comme dans le cas du poème ekphrasique de Christodoros, je n'ai pas considéré nécessaire d'indiquer la coupure des vers, parce que la citation est fragmentaire et que les expressions grecques sont choisies pour montrer plus particulièrement le caractère mobile, performatif, et l'aspect visuel du poème.

> façonné le temple, spectacle passant toute attente (ἐδημιούργει τὸν νεὼν ὁ δεσπότης πάσης ὑπερβὰς ἐλπίδος θεωρίαν), la cité n'aurait atteint ni tant d'allégresse ni tant d'heureux plaisirs. Quoi de déplacé, donc, si à présent on voit en moi une convenable liberté de langage et si j'ai l'impunité pour mes paroles (παρρησίαν τὰ νῦν φανῆναι καὶ λόγων ἀζημίαν) ? Ce que laissent de côté mes faibles propos, on peut le compléter par les yeux (Ἃ γὰρ ἂν παραδραμῶσιν ἠσθενηκότες, ἔξεστι ταῦτα προσλαβεῖν τοῖς ὄμμασιν). (v. 95-124)
>
> Faut-il donc en venir aux vers eux-mêmes, maintenant que nous sommes poussés à un libre langage (εἰς παρρησίαν) ? Oui, il le faut, repondrai-je moi-même, en écho à mes propres paroles (Χρὴ τοῦτο πράττειν, αὐτὸς ἀντιφθέγξομαι ὥσπερ τις ἠχὼ τῶν ἐμῶν φανεὶς λόγων). (v. 130-134)

Après ces deux adresses introductives, à l'empereur et au patriarche, Paul le Silentiaire commence la description de l'œuvre architecturale par sa mise en contexte : dans la ville de Constantinople, la nouvelle Rome, et dans le temps, après la catastrophe du tremblement de terre qui a détruit une partie du bâtiment initial. Mais ce début comporte lui-aussi, comme les deux prologues, une évocation redondante des moyens propres du poète, la parole mythique ou épique, la sonorité, le rythme, la concurrence entre l'ouïe et la vue, l'écoute et le regard, ainsi qu'une discrète allusion au bouclier.

> Aujourd'hui, ce n'est pas le fracas des boucliers qui m'emporte (Σήμερον οὐ σακέων…), je ne me hâte pas non plus vers une victoire au couchant ou en Afrique, je ne manque pas, en l'honneur de trophées pris sur les tyrans massacrés, la cadence d'un galop sonore (καναχήποδα ῥυθμὸν ἀράσσω)… (v. 135-133)
>
> Et c'est pourquoi je veux, ô Anthousa [« Fleurissante », surnom de Constantinople] d'or vêtue, que tu chantes ton empereur en des chœurs à voix de miel (μελιφθόγγοισι χορείαις, χρυσοχίτων Ἀνθοῦσα, τεὸν σκηπτοῦχον ἀείδειν) ! (v. 155-156)
>
> L'empereur des Ausoniens a ouvert sur la terre les verrous des portes du ciel (Οὐρανίων ὤϊξεν ἐπὶ χθονὶ κλῆθρα πυλάων Αὐσονίων σκηπτοῦχος), il a déployé pour toutes les fêtes une immense liesse, il a estompé tous les soucis ! Depuis qu'à grand fracas s'était écroulé le puissant ouvrage de nos princes, régnait dans la cité un deuil profond. Daigne agréer mes paroles (μύθῳ), daigne agréer mon audace, ô très puissant protecteur de la terre, puisses-tu agréer mes vers (ἐπέεσσι), même si j'offense ton oreille tant soit peu ! […] Daigne agréer mon audace, ô très puissant, daigne agréer mes paroles (μύθῳ) ! » (v. 173-185)

> Mais qui pourrait chanter (μέλψειεν) comment, d'une parure altière, il ressuscita le temple ? Qui est capable de peindre (χαράξαι) le savoir-faire du roi aux nombreux sceptres, fécond en chefs-d'œuvre ? (v. 279-281)
>
> Aucun mortel, quand il dirige les yeux vers le ciel à éclatante beauté, ne supporte longtemps, nuque renversée, de voir (ἰδεῖν) à la ronde la prairie habillée d'étoiles dansantes, mais il ramène les yeux (ἀπ ήγαγεν ὄμμα) vers les collines verdoyantes et désire voir (ἰδεῖν) le cours d'un torrent bordé de fleurs et des épis pleins de force et le couvert d'une forêt aux beaux arbres et les troupeaux bondissants et l'olivier enlacé, la vigne appuyée sur des branches pleines de sève et, sur le large étincelant, le calme au regard serein, déchiré par les marins de leurs rames qu'éclabousse la mer. Si c'est dans le sanctuaire voué à Dieu que l'on arrête ses pas, on ne veut pas revenir en arrière mais, les yeux ravis, tourner la nuque en tous sens (ὄμμα ἔνθα καὶ ἔνθα πολύστροφον αὐχένα πάλλειν). Toute satiété a été bannie de la demeure du bon cimier. (v. 286-299)

L'ouïe et la vue continuent à montrer leur liaison sans faille après l'entrée en acte de la description. Le retour redondant du poète sur ce lien fondateur de son œuvre joue tantôt un rôle signalétique concernant le caractère performatif du poème ekphrastique, tantôt un rôle de mise en scène du rituel de consécration dont le poème se présente comme un miroir. Le même procédé est utilisé dans la description de l'ambon, bien que ce second poème n'ait pas servi dans la procession de la consécration du temple.

> Ouvrez à mes propos (μύθοις) le palais admirable, accordez votre bienveillance à mes vers (ἐπέεσσι) ! Il faut en effet qu'en arrivant à la ligne de départ nous tournions nos regards (ὄμμα) vers vous. (v. 351-353)
>
> À l'orient, se déploient trois espaces en demi-cercle. Au-dessus d'eux, sur la droite nuque des murs, doté d'un quart de sphère, s'en élève un quatrième, comme, plus haut que sa tête à triple aigrette, au-dessus de son dos, le paon dresse la parure de ses plumes aux mille prunelles. Ces couronnements, les hommes de métier, dans la langue de leur art (σοφοὶ τεχνήμονι μύθῳ), les ont nommés conques. Au vrai, si c'est à la conque marine que les experts ont pris ce nom ou s'il vient de l'œuvre d'art (εἴτ' ἀπὸ τέχνης), eux seuls, sans doute le savent. (v. 354-362)

> Si j'avais entrepris de vous rassembler aussi longtemps pour un autre spectacle (ἄλλο θέατρον), sans doute aurait-on jugé cela ennuyeux. Mais en ce jour, je le sais bien, accourant à nouveau au grand temple, tous vous désirez entendre autant que regarder (ἐρᾶτε πάντες τῆς ἀκοῆς ὡς τῆς θέας). C'est pourquoi je vais m'acquitter du restant de ma dette. (v. 411-416)

Où suis-je entraîné ? Quels souffles emportent à l'aventure mes paroles, comme en haute mer ? Ils m'ont fait dépasser la partie centrale, la plus glorieuse, du temple. Arrière, mon poème (Παλιννόστησον, ἀοιδή), vers la merveille entre toutes incroyable à voir, entre toutes incroyable à entendre (θάμβος ὅπῃ πανάπιστον ἰδεῖν, πανάπιστον ἀκοῦσαι) ! (v. 444-447)

Et qui chantera à pleine bouche, avec les mots sonores d'Homère (Καὶ τίς ἐριγδούποισι χανὼν στομάτεσσιν Ὁμήρου), les prairies de marbres rassemblés (μαρμαρέους λειμῶνας) sur les murs si solides et le sol si vaste du temple très haut ? (v. 617-620)

Au centre des panneaux de la clôture sacrée, qui en garnissent les intervalles et entourent les mortels consacrés, le ciseau trace un signe unique qui vaut mille discours (γράμμα χαράσσει ἡ γλυφὶς ἓν πολύμυθον), puisqu'il unit les noms de la souveraine et du roi. Quant à la partie centrale en bouclier bombé, il l'a creusée pour y proclamer la croix. (v. 712-717)

Où suis-je entraîné ? Où mon discours sans frein me conduit-il (Πῇ μῦθος ἰὼν ἀχάλινος ὁδεύει) ? Arrête-toi, voix téméraire, à mes lèvres closes (Ἴσχεο τολμήεσσα μεμυκότι χείλεϊ φωνή) ! Cesse de dévoiler ce qu'il est interdit de contempler (μηδ' ἔτι γυμνώσειας ἃ μὴ θέμις ὄμμασι λεύσσειν) ! De vos mains, servants du culte, vous à qui les rites l'ordonnent, déployez une étoffe teinte par la fleur pourpre du coquillage de Sidon (Σιδονίης φοίνικι βεβαμμένον ἄνθεϊ κόχλου φᾶρος), couvrez-en la surface de la table ; sur ces quatre côtés d'argent, déployez des tentures tombant droit et montrez au peuple infini de l'or en abondance et l'éclat d'ornements dus à un art savant (δείξατε δήμῳ χρυσὸν ἅλις καὶ φαιδρὰ σοφῆς δαιδάλματα τέχνης) ! (v. 755-763)

Tout est revêtu d'éclat (Πάντα μὲν ἀγλαΐῃ καταειμένα) ; tout, vous le verrez, offre merveille aux yeux (πάντα νοήσεις ὄμμασι θάμβος ἄγοντα). Mais, pour chanter à voix claire cette aube vespérale, la parole ne suffit pas (φαεσφορίην δὲ λιγαίνειν ἑσπερίην οὐ μῦθος ἐπάρκιος). On dirait qu'un Soleil nocturne éclaire la majesté de la demeure (Ἦ τάχα φαίης ἐννύχιον Φαέθοντα καταυγάζειν σέβας οἴκου). (v. 806-809)

Ekphrasis de l'ambon

Il serait beau en effet que mon verbe collabore avec notre souverain à façonner le temple du Verbe (Καλὸν γὰρ ἂν εἴη τοὺς λόγους τῷ δεσπότῃ συνδημιουργεῖν τὸν νεὼν τὸν τοῦ λόγου). [...] Ce temple qui, inspirant à tous une noble allégresse, a fait naître tous les chants du verbe (πᾶσαν κεκίνηκε λογικὴν ἀηδόνα) ; ainsi, quand paraît le printemps, que l'hiver s'en est allé, voici que toute branche nourrit le chant harmonieux de voix variées (ποικίλης μελῳδίαν). Certes, rien n'est petit de ce qui touche au temple ! C'est en vérité un spectacle où le plaisir vient de partout. Je m'avancerai donc vers l'auguste lieu que le roi, l'ayant à peine achevé pour en faire l'endroit le plus beau, a consacré au Livre dont la parole mène aux mystères (κάλλιστον εἶναι χωρίον τοῖς βιβλίοις τῶν μυσταγωγῶν ἱερούργηκεν λόγων). (v. 5-6, 19-29)

PHUSIS ET *TEKHNÊ*

Concurrence et substitution entre le peintre et le tailleur de pierres.

Ekphrasis de l'église

Sur les murs en pierres de taille resplendissent de toutes parts les chefs-d'œuvre de l'art pictural (Λαότορον δὲ ἀνὰ τοῖχον ἔΰγραφα δαίδαλα τέχνης πάντοθεν ἀστράπτουσιν). C'est la vallée de Proconèse couronnée de mer qui a enfanté ces marbres. L'assemblage des pierres finement taillées s'égale au trait du pinceau (Πολυτμήτων δὲ μετάλλων ἁρμονίη γραφιδέσσιν ἰσάζεται). On y verra, en tesselles carrées et octogonales, les veines appariées en un décor (νοήσεις ζευγνυμένας κατὰ κόσμον ὁμοῦ φλέβας). Et les tesselles réunies imitent l'éclat d'un tableau (ἀγλαΐην δέ ζωοτύπων λάϊγγες ἐμιμήσαντο δεθεῖσαι). (v. 605-611)

Au-dessus de ces colonnes, l'acier a creusé, selon les proportions savantes que sait donner la main du bon ouvrier (χερὸς τεχνήμονι ῥυθμῷ), des médaillons plus allongés que le cercle. Celui du centre porte gravée l'image de Dieu immaculé (θεοῦ δείκηλα χαράξας), qui a revêtu, par une conception sans semence, l'apparence mortelle (ἰνδάλματα μορφῆς) ; sur un côté on a poli l'armée des anges ailés, inclinant l'attache de leur cou ; ils ne soutiennent pas la vue de la majesté de Dieu (οὐ γὰρ ἰδεῖν τέτληκε θεοῦ σέβας), même caché dans une enveloppe humaine (οὐδὲ καλύπτρῃ ἀνδρομέῃ κρυφθέντος), car il est Dieu identiquement (ἐπεὶ θεός ἐστιν ὁμοίως), [...] Ailleurs, l'art a figuré la mère du Christ (Ἄλλοθι δὲ Χριστοῖο κατέγραφε μητέρα τέχνη), réceptacle de lumière intarissable (φέγγεος ἀενάοιο δοχήϊον), elle dont la chair a nourri, dans ses saintes entrailles, le créateur de toute chair (ἣ ποτὲ γαστὴρ γαστέρος ἐργατίνην ἁγίοις ἐθρέψατο κόλποις). (v. 691-698, 709-711)

COULEURS-MATIÈRES ET MATIÈRES PRÉCIEUSES DÉCRITES SELON LEUR ÉCLAT SPÉCIFIQUE

Incarnations de la lumière et dimensions cosmiques du décor[1].

Ekphrasis de l'église

Et ces conques sont portées par des colonnes à chapiteaux dorés, tachetées de flocons de pourpre, resplendissantes (χρυσέοισιν ἐλαφρίζουσι καρήνοις στικτοὶ πορφυρέοισιν ἀποστίλβοντες ἀώτοις κίονες), ... (v. 376-378)

Ce sont, sur les colonnes de porphyre, d'autres colonnes, fleurs éclatantes de la pierre de Thessalie, aux nuances vertes (ἀγλαὰ Θεσσαλικῆς χλοερώπιδος ἄνθεα πέτρης). (v. 387-388)

En effet, en dessous, six colonnes d'Hémonie [Thessalie] au vert pâle d'émeraude (ἶσοι χλοάοντι μαράγδῳ) se dressent pour maintenir sans fatigue les parties hautes où apparaissent les espaces occupés par les sièges des femmes. Et ces six colonnes, quatre autres, plantées sur le sol, de leur grand chapiteau les soulèvent, sous une pression inébranlable, avec leur chevelure d'or d'où tombent les grâces (χρυσόκομοι χαρίτεσσι κατήοροι) [...][2] le scintillement de la pierre thessalienne (Θεσσαλίδος πέτρης ἀμαρύγματα). [...] Jamais sur la terre des Molosses [l'Épire] on n'avait taillé de telles colonnes, au panache altier, pleines de grâce, colorées, [comme ?][3] des forêts, couvertes de fleurs ouvragées (ὑψιλόφους, χαρίεντας, ἐύχροας ἄλσεσι [...] ἄνθεσι δαιδαλέοισι τεθηλότας). » (v. 538-550)

Inférieures à leurs voisines dans l'ordre de la hauteur, mais issues de la même nourrice, ces colonnes resplendissent de verts flocons (χλοεροῖσιν ἀποστίλβουσιν ἀώτοις). (v. 555-557)

Car le fer du carrier a découpé de sa dent les plaques vert pâle (χλωρὰ) de Carystos ; et il a détaché des hauteurs phrygiennes une pierre tachetée (Φρύγα δαιδαλέοιο διέθρισεν αὐχένα πέτρου), tantôt rose mêlée d'un blanc nuageux, tantôt à flocons pourpre et blanc brillant qui lancent des éclairs délicats (τὸ

1 Le Silentiaire décrit par tons et nuances de très nombreuses couleurs soit à partir des « matières » colorantes, soit à partir des matériaux utilisés dans la construction et dans le décor de Sainte-Sophie. Les occurrences étant très nombreuses, il n'est pas possible de fournir ici une liste exhaustive, ni de citer tous les passages où les métaphores et les oxymores s'enfilent ou s'enchâssent les uns dans les autres pour décrire le raffinement des effets chromatiques et lumineux dans le traitement des surfaces et des espaces. Ne sera par conséquent fournie qu'une liste limitée d'exemples, afin de montrer prioritairement les préférences anthropomorphiques, cosmologiques et en quelque sorte « naturalistes » dans la description architecturale composée par le poète byzantin.

2 Corruption du manuscrit, signalée par les éditeurs.

3 Corruption du manuscrit et restitution par les éditeurs.

μὲν ἰδεῖν ῥοδόεντα, μεμιγμένον ἠέρι λευκῷ, τὸν δὲ ἅμα πορφυρέοισι καὶ ἀργυφέοισιν ἀώτοις ἁβρὸν ἀπαστράπτοντα). À profusion, chargé sur les barges fluviales qui descendent le Nil aux bonnes crues, le porphyre, semé de fines étoiles, brille (πορφύρεος λεπτοῖσι πεπασμένος ἀστράσι λάμπει). Et l'on verra l'éclat vert (χλοερὸν) des roches de Laconie, et les marbres fulgurants (ἀμάρυγμα Λακαίνης μάρμαρά), aux mille veines sinueuses, que l'on extrait de profondes entailles dans la colline d'Iasos, révélant des filons obliques, couleur sang sur blanc livide (αἱμαλέῳ λευκῷ); et tout ce que produit le fond de la Lydie, faisant onduler des fleurs jaune pâle mêlé de rouge (ὠχρὸν ἐρευθήεντι μεμιγμένον ἄνθος ἑλίσσων), et tout l'éclat que le soleil africain donne aux pierres en les brûlant de sa lumière d'or : c'est de l'or, c'est du safran, parmi les crêtes et les gorges de la haute Maurétanie. Et tout ce que présentent les sommets de la Gaule, couverts de glaciers : ils répandent en abondance un blanc laiteux sur l'épiderme du marbre au noir éclat, le versant çà et là, au hasard. Et tout le précieux jaune que le mont Onyx peut offrir dans ses carrières translucides (Ὄνυξ ἀνέηκε διαυγάζοντι μετάλλῳ ὠχριόων ἐρίτιμα), et tout ce qu'enfante la terre d'Atrax, dans ses plaines unies et non dans une vallée altière, tantôt d'un vert assez pur, proche de l'émeraude (χλοάοντα οὐ μάλα τῆλε μαράγδου), tantôt d'un vert qui s'approfondit en bleu intense (χλοεροῦ κυανώπιδι μορφῇ). C'était comme des neiges avoisinant de noires lueurs (μελαίνης μαρμαρυγῆς); leur splendeur mêlée avivait la pierre (μικτὴ δὲ χάρις συνεγείρετο πέτρου). (v. 620-646)

La voûte contient des mosaïques à fond d'or, d'où, brillant, versant de l'or à profusion, d'insoutenables rayons sautent au visage des hommes (ἄπο μαρμαίρουσα χύδην χρυσόρρυτος ἀκτίς ἀνδρομέοις ἄτλητος ἐπεσκιρτησε προσώποις). On croirait voir le Soleil de midi à la saison du printemps, lorsqu'il dore tous les sommets. (v. 668-674)

Frappé par le jour aux bras de rose, le manteau fait scintiller des éclairs dorés sur les membres que Dieu a parfaits, et, grâce au coquillage tyrien qui fleurit dans la mer, s'empourpre la tunique du Christ (Τυρίῃ πόρφυρε χιτὼν ἁλιανθέϊ κόχλῳ), recouvrant son épaule droite de fils ouvragés. (v. 769-772)

Ekphrasis de l'ambon

Non, cette pierre-là non plus n'est pas sans ornement. Car on n'a pas simplement taillé le flanc sauvage d'une cime altière pour en faire le guide étiré d'un long chemin ; mais la pierre resplendit tout entière du travail des artistes, cependant que son chatoiement naturel la brode de lumière (εὐτέχνοισιν ὅλος φαιδρύνεται ἔργοις καὶ φύσιν αἰολόμορφον ἔχων ποικίλλεται αἴγλῃ). Sur elle courent de part en part comme des tourbillons, ici pareils à des cercles sans fin, là étirant des spirales qui s'éloigent un peu des cercles. Ici on peut voir le rouge mêlé au jaune pâle (πῇ μὲν ἔρευθος ἰδεῖν κεκερασμένον ὤχρῳ), et là, la belle lueur nacrée des ongles des mortels (πῇ δὲ καλὸν βροτέοισι σέλας στονύχεσσιν ὁμοῖον). Ailleurs, son éclat tend vers une lueur argentée (δ' ὁρμηθεῖσα πρὸς ἀργεννὸν σέλας αἴγλη), faiblit doucement et imite la grâce du buis ou l'aspect si plaisant de la cire d'abeilles que les mortels, l'ayant lavée dans des eaux pures, souvent dans les montagnes font sécher aux rayons du soleil. Un autre marbre vire au blanc éclatant (ἐς ἄργυφον), mais n'a pas encore changé complètement de couleur et montre encore des restes de doré (χρύσεα φαίνων). Ainsi l'ivoire, teint par le cours de longues années, perd son blanc éclatant pour le jaune du coing (δολιχῶν ἐλέφας κεχρωσμένος ὀλγοῖς χροιὴν ἀργυφέην ἐτέων ἐπὶ μῆλον ἐλαύνει). Là, c'est la grâce d'une livide splendeur (πελιδνωθεῖσαν ἔχει χάριν) ; car la divine nature (δῖα φύσις) n'a pas simplement laissé se répandre cette couleur livide : elle a mêlé à la pierre une ciselure finement dessinée (ἐΰγραφα δαίδαλα πέτρῃ). Sur elle court une blanche et multiple clarté florale (πολύτροπος ἄνθεος αὐγή) ; ici elle parcourt la vaste surface, tout juste teintée de flocons de safran livide (κροκέοιο πελιδνήεντος ἀώτῳ) ; là, elle apparaît plus mince et, comme pour la lune naissante, la lumière s'enroule autour de minces cornes (περὶ λεπτὰ κεράατα φέγγος ἑλίσσει). (v. 76-102)

Quand on voit leurs fleurs de pierre (ἰδὼν δέ τις ἄνθεα πέτρης), on dirait de blancs lis se mêlant à des corolles de roses et aux tendres pétales de l'éphémère anémone (κρίνα λευκὰ ῥόδων καλύκεσσι μιγῆναι καὶ μαλακοῖς πετάλοισι μινυνθαδίης ἀνεμώνης) ; ici, abondance de rose et touches de blanc dans le filon ; là, abondance de blanc brillant et touches de rouge flamboyant ; là, au hasard, les veines sont parcourues d'un réseau de discrètes nervures vagabondes. Quand elles confluent, elles s'empourprent, comme le sang du coquillage laconien (πορφύρουσι Λακωνίδος αἵματι κόχλου). (v. 140-147)

Posant d'abord la plate-forme arrondie, ouvragée (δαιδαλέην), resplendissante de spirales ondulantes, on a fixé par-dessus des bases de marbres, taillées dans les carrières des monts du Bosphore. Elles lancent de blancs éclairs (Λευκὰ δ' ἀπαστράπτουσι), même si, en sentiers épars, une veine sombre se faufile dans l'épiderme blanc satiné (ἀργινόεντι περὶ χροῒ κυανέη φλέψ). [...] La lumière fait éclater son rire sur le sol du temple entier (Ἀγλαΐη δὲ ἐγέλασσεν ὅλου κατ' ἐδέθλια νηοῦ), une fois les colonnes assises sur des bases polies, comme lorsque le soleil à son lever, juste sur l'horizon, brode les blancs nuages de lueurs rougissantes (οἷον ὅτ' ἠελίοιο νέον περάτης ἀνιόντος λευκὸν ἐρευθομένῃσι νέφος ποικίλλεται αὐγαῖς). (v. 148-153, 159-162)

Au-dessus [sur l'architrave], vous verrez plantés des arbres aux frondaisons de feu, lançant à profusion des éclairs, fleurs de feu de leurs rameaux d'argent (δένδρεα δήεις, ἀργυρέων στράπτοντα χύδην πυρὸς ἄνθος ὀράμνων). Et ce verger ne croît pas au hasard, livré à lui-même, mais s'élève, ordonné, pareil à un cône aux multiples orbes, croulant de lueurs (σελάεσσιν). (v. 195-199)

Des deux côtés, ce sentier est protégé par de la pierre de Thessalie, vert pâle (χλοερώπιδι πέτρῃ). Une riche prairie de marbres offre aux regards sa grâce charmante (Πολὺς δ' ὑπὸ λάεσι λειμὼν ὄμμασιν ἱμερόεσσαν ἄγει χάριν). [...] Dans les collines de Phrygie, l'artisan marbrier a taillé aussi ces pierres-là. Si on porte sur elles des yeux qui nourrissent une attention soutenue (βουκολέοντα μεληδόνας ὄμματα βάλλων), on y verra tantôt vagabonder sur la belle pierre des traînées serpentines ; sur leur trajet sinueux, elles ondulent doucement. Étalés côte à côte, le rouge, le blanc et une nuance intermédiaire (πυρσὴν ἀργυφέην τε καὶ ἀμφοτέρων τινὰ μέσσην χροίην), alternent avec caprice, lovant leurs anneaux, déroulent en course rampante leurs spires tortueuses. Parfois ce sont des lunes ou des étoiles qu'on distinguera dans les tracés inconstants, marques apposées par la nature sur la pierre (σεληνήεντα καὶ ἀστερόεντα νοήσεις γραμμαῖς ἀλλοπρόσαλλα φύσει σφρηγίσματα πέτρης). (v. 255-257, 264-274)

Quand, sur un vêtement tyrien multicolore, passant tout autour des fils enveloppés d'or, l'on fait onduler un décor réparti ici sur toute la bordure, là sur la belle encolure du vêtement, là encore, telle une couronne, au passage des deux bras, l'éclat d'une prairie se répand partout sur l'étoffe du vêtement couleur de printemps (ἀγλαΐη δέ πάντοθεν εὐλείμων ἐαρόχροα νήματα πέπλου), et la lueur des fils d'or, faisant fleurir richesse sur richesse, éveille beauté sur beauté (περὶ κάλλεϊ κάλλος ἐγείρει). Ainsi le maître de l'ornement (ποικιλοεργὸς ἀνήρ), répandant un scintillement doré sur les veines vertes de la pierre sacrée (χλοεροῖσι μετάλλοις μαρμαρυγὴν ἱεροῖο βαλὼν χρυσαυγέα πέτρου), a su donner à l'un et à l'autre un rayonnement plus vif (ἀμφοτέροις ἀμάρυγμα φαάντερον εὗρεν ἀνάψαι). (v. 283-293)

SYNOPSIS

L'œil qui touche

Description is revelation. It is not
The thing described, not false facsimile.

It is artificial things that exists,
In its own seeming, plainly visible,

Yet not too closely the double of our lives,
Intenser than any actual life could be,

A text we should be born that we might read,
More explicit that the experience of sun

And moon, the book of reconciliation,
Book of a concept only possible

In description, canon central in itself,
The thesis of the plentifullness John.
Description without place, VI[1]

Récapitulons, pour conclure, les hypothèses d'analyse et d'interprétation développées ci-dessus en vue de dégager le champ théorique dans lequel s'inscrit la description et de montrer certains ressorts philosophiques de cette pratique particulière du langage.

(a) *La perception des choses et des événements.* La description est un genre « archaïque » de rapport *médiat* à l'objet visuel. Elle est non seulement

1 « Description est révélation. Ce n'est pas / La chose décrite, ni un fac-similé factice. // C'est une chose artificielle qui existe, / Dans sa propre ressemblance, sa pleine visibilité, // Sans être cependant le double de nos vies, / Plus intenses qu'aucune vie réelle ne pourrait l'être, // Texte qu'on ne peut lire qu'en étant né pour lui, / Plus explicite que l'expérience du soleil // Et de la lune, livre de la réconciliation, / Livre du concept possible seulement // Dans la description, canon fondé sur lui-même, / Thèse du plus généreux des Jean. » Wallace Stevens (*op. cit.* p. 56-59).

nécessaire pour saisir le lien que le langage tisse avec les facultés de perception, mais elle est proprement fondatrice des termes qu'elle relie ; elle est doublement déterminante donc, pour la parole tout comme pour l'ouverture réciproque des facultés, de la vue et de l'ouïe en particulier, que la description s'évertue à mettre en présence simultanément. Cependant, en faisant travailler la langue dans l'acte même de réception immanente du phénoménal, comme dans le feu d'une action, sur le vif, la langue produit du coup elle-même du « phénoménal », produit une réalité qui prend place dans tous les lieux de réception qu'un texte descriptif produit, qu'il s'agisse d'un contexte épique, rhétorique, technique artisanal ou scientifique médical, etc. Le rôle d'une *ekphrasis* serait donc de mettre le langage en condition de constituer le lien explicite entre l'intellection et l'expérience sensible, en produisant par le langage une expérience sensorielle seconde et décalée de l'objet immédiat. De ce lien explicite, la description donne ainsi un aperçu, en dévoilant la nature et la typologie dans laquelle s'inscrit une telle relation.

(b) *La critique de la* mimêsis *et la définition de l'*ekphrasis. Le lien du langage et du phénoménal établi à travers la description peut être interprété non seulement comme une illustration du caractère foncièrement réflexif de la perception, mais aussi comme une dénonciation du pouvoir de la *mimêsis*. Contrairement à l'impression induite par les œuvres d'art qui imitent « la nature » (selon le *topos* de l'abeille posée sur une fleur peinte dans ou sur le tableau lui-même), la description de ces œuvres, et d'ailleurs de tout ouvrage, lieu ou être, ne produit pas une imitation mais s'évertue à signaler la méprise d'un trompe-l'œil pictural réussi et cherche à construire par les moyens du langage une forme d'écart, de mise à distance de la *mimêsis* par la pratique de l'*ekphrasis*. Le clivage entre l'invention littéraire archaïque de la description et l'usage tardif de l'*ekphrasis* comme genre rhétorique et sophistique, se fait précisément sur la distance entretenue avec la *mimêsis* et avec les procédés techniques de copie d'un objet visible. La description serait donc à la fois une forme de soumission de la visibilité immanente à l'expérience analytique de la parole et une forme conséquente de mise en retrait critique des pouvoirs mimétiques du langage, en contrepoint du récit et du témoignage, plus tard de l'éloge aussi, genres dont la pratique descriptive reste le partenaire privilégié. La description constitue par conséquent une sorte de réflexion primaire sur la différence que le *logos* produit pour pouvoir opérer la réduction des choses et des événements à leur intellection ; une réflexion primaire, car la description a volontairement affaire au particulier, à l'expérience individuelle, à l'objet unique, et n'opère pas avec des catégories, ne visant pas la connaissance et ne produisant pas à cet égard une réduction conceptuelle à l'universel. Le plus souvent la description se présente comme un lien concurrentiel de la parole avec la nature, en opposant à cette dernière des re-constructions artificielles censées inscrire le particulier dans un « décor » qui prend d'emblée une dimension cosmique et qui montre ainsi la place du singulier dans l'unité de l'ensemble.

(c) *Les objets de l'*ekphrasis. Le choix d'objets à décrire va donc vers des ouvrages ou des lieux étonnants non pour émerveiller les esprits « simples », mais pour signifier l'aspect individuel de la perception et le lien entre d'une part cette expérience particulière du vécu, qualifiée de surprenante parce que c'est par l'effet de surprise qu'elle peut être saisie, sur le vif, et de l'autre l'approche universelle inscrite dans la réduction de l'expérience au *logos*, à l'expression d'une intellection discursive et logique. Si l'exemple homérique constitue le paradigme non seulement de la technique descriptive mais aussi de la fonction d'une description dans le récit, avec tout le réseau sémantique des oppositions (vie-mort, humain-divin, nature-destin) qui s'enroulent sur le bouclier d'Achille et se déroulent dans l'ensemble épique, on pourrait alors qualifier, voire définir la description de *parole-bouclier* : une pratique qui consiste à opposer des mots aux choses pour s'en approprier la réalité et ses « pouvoirs », non pour faire semblant de les copier en s'en remettant ainsi à leur guise. L'*ekphrasis* serait dans ce cas un contrepoison du langage et un bouclier contre la nature ; contre la nature qui déborde la puissance d'expression et le pouvoir de maîtrise inscrit dans l'intellection, donc contre la nature qui engloutit, comme dirait Plotin, mais aussi contre la nature qui s'auto-déchire dans une lutte sans merci de forces contraires.

(d) *Le rapport avec le témoignage.* Une connivence de la description avec le témoignage apparaît dans tous les cas analysés. Il s'agit d'une sorte d'entente partielle puisque souvent sont décrits des lieux et des objets qui n'ont jamais existé. Fréquemment, il est vrai, la description *décrit* ce qu'elle-même invente. Mais, quand des lieux ou des objets réels ou fictifs sont décrits, la description *vaut* pour une sorte de témoignage, ou du moins en joue le jeu. Ce témoignage rendu par la description est toutefois paradoxal. Quand les objets ou les lieux décrits existent (parfois ils sont encore conservés), jamais la description ne correspond à la réalité immédiate sensible et objective de la chose décrite, preuve qu'une description ne remplace pas l'objet décrit ni ne peut servir à sa reconstitution exacte puisque la description ne produit jamais une copie. La description témoigne des conditions de la réception et ne porte pas directement sur l'objet ou le lieu perçu, même quand elle s'attache à présenter minutieusement les techniques de fabrication.

(e) *Le rapport fondateur avec le récit signifie le lien de la description avec le mythe.* Sur le plan discursif, hormis le rôle de témoignage, c'est le lien de la description avec le récit (à la fois *muthos* et *diêgêsis*) qui est le plus explicite et qui revient de manière constante dans la pratique du genre ekphrastique. Les exemples tardifs analysés en contextes épiques (Héliodore, Nonnos de Panopolis) ou rhétoriques (Grégoire de Nysse, Christodoros, Paul le Silentaire) comportent tous soit des références plus ou moins éloignées à des objets ou à des personnages mythiques (ne serait-ce que par des renvois plus appuyés ou plus discrets à la description homérique et à sa figure tutélaire, Héphaïstos), soit des réinventions de la *diêgêsis* autour de nouveaux objets à décrire en raison de leur caractère spectaculaire, approprié à servir la pratique « plaisante » du genre ekphrastique. Les auteurs racontent les objets en racontant leur fabrication, leur fonction, leur réception ; ce récit se présente à la fois comme une performance visuelle du langage, comme un éloge aux arts de production, aux fabricants et aux concepteurs, et comme une élucidation parfois explicite, parfois subreptice des visées de celui qui tient ce langage. Mais le choix des objets décrits, de même que leur inscription dans un récit qui intégre leur fabrication ou du moins la présentation détaillée des qualités propres à leurs matériaux, dans l'ensemble d'un discours, d'un poème ou d'un roman, tiennent toujours du même rapport explicite du langage avec la perception, rapport conditionnel pour une description.

Par conséquent, aussi bien la connivence partielle, et parfois feinte, avec le témoignage, que le lien explicite entre la description et le récit montrent la distance entre une pratique *ekphrastique* et une pratique *mimétique* du langage. Contrairement à la pratique mimétique, la description ne vise pas à produire une copie, mais cherche à saisir dans sa réalité immanente l'objet ou le lieu même décrit. C'est une pratique d'appropriation de la chose dans sa singularité, dans sa particularité, dans son accidentalité. D'où l'idée que la description ne peut que dénoncer la *mimêsis* qui tente de gommer le singulier en en produisant des doubles. D'où, aussi, l'idée que l'*ekphrasis* ne s'occupe pas des objets qui relèvent d'une technique étonnante juste pour frapper et émerveiller (pour un effet « romanesque », dirait-on en langage moderne), mais bien pour asseoir l'expérience sensible dans un rapport entre le singulier dans lequel elle s'enracine et l'universel qu'elle produit en nourrissant la connaissance par la saisie intellective des données de l'expérience. Ce rapport est délibéré et passe nécessairement (voire commence) par une attention accordée au particulier immanent, aux perceptions fines, dans la distinction des détails, tout autant qu'aux sensations fortes d'émerveillement, d'effroi, et au *pathos*, à ce qui le produit et aux effets épiques, religieux ou politiques visés par l'auteur : la récupération d'une identité royale, la consécration d'une église, la reconnaissance de la paternité homérique d'une culture impériale et chrétienne en même temps. Il s'ensuit que le véritable « objet » de la description est bien le mécanisme même de la perception et sa « divine technique » d'appropriation d'une chose par ses aspects et par ses qualités agissant à travers la langue. La description met ainsi en œuvre les moyens d'adéquation de la parole à l'acte de perception et d'intellection, et s'attache plus particulièrement aux techniques, aux mécanismes de production et à la régulation du *pathos* qui rend le langage capable d'engendrer à son tour des œuvres parallèles à celles que les autres arts fabriquent.

Si la description est une technique « archaïque » (homérique) du langage, elle n'est pourtant pas une forme « littéraire » figée. Cependant, tout en évoluant sur le plan de la forme, elle conserve son but premier, celui d'une appropriation de la sensation « brute » et d'une transformation de cette saisie en une médiation par des mots qui pénètrent les interstices des aspects et des effets d'apparence pour rendre présentes les vertus d'un objet ou d'un lieu à autrui. La description demeure une technique démiurgique, productive, en même temps qu'une forme quasi rituelle d'exprimer la possession, alors que la mimétique est une technique « moderne », inventée (ou du moins théorisée) par les Sophistes et par Platon, puis, par rénovation et réduction du champ d'application, par Aristote. Quant à la rhétorique, elle s'approprie cette technique du langage épique en faisant de la description un genre propre spécialisé en ouvrages d'art. Mais l'usage épique reste dominant et devient encore plus puissant lorsque le récit se transforme en roman. La persistance de la description dans le roman se poursuit dans la modernité et jusqu'à présent. Le retour de la description en langage poétique serait encore un autre chemin à explorer.

En fin de compte, la parole de l'*ekphrasis* est comme un œil d'escargot, un œil qui voit quand il touche. Cet œil d'escargot est l'œil de la langue qui jamais ne dort.

OUVRAGES CITÉS ET QUELQUES SOURCES ET RÉFÉRENCES SUPPLÉMENTAIRES

AUTEURS ANCIENS

AELIUS THÉON, *Progymnasmata*, trad. M. Patillon, Paris, Les Belles Lettres, 1997.

ARISTOTE, *Les Parties des animaux*, trad. P. Louis, Paris, Les Belles Lettres, 1956 ; *Histoire des animaux*, trad. P. Louis, Paris, Les Belles Lettres, 1964-1968.

BASILE DE CÉSARÉE, *Lettres*, éd. et trad. Y. Courtonne, t. I, Paris, Les Belles Lettres, 1957.

CHRISTODOROS, *Description des statues de Zeuxippos*, in *Anthologie grecque*, Première partie : *Anthologie Palatine*, Tome I, Livres I-IV, éd. et trad. P. Waltz, Paris, Les Belles Lettres, 1960 (p. 51-79).

EUSÈBE DE CÉSARÉE, *Vie de Constantin*, trad. M.-J. Rondeau, Paris, Cerf, coll. « Sources Chrétiennes » 559, 2013 ; *Histoire ecclésiastique*, Livres VIII-X, tome III, éd. et trad. G. Bardy, Paris, Cerf, coll. « Sources Chrétiennes » 55, 1993.

GORGIAS, *Éloge d'Hélène*, trad. M.-L. Desclos, in *Les Sophistes*, sous la dir. de J.-F. Pradeau, Paris, GF, 2009 (p. 137-142).

GRÉGOIRE DE NAZIANZE, *Discours 27-31*, éd. et trad. P. Gallay avec la collaboration de M. Jourjon, Paris, Cerf, coll. « Sources Chrétiennes » 250, 1978.

GRÉGOIRE DE NYSSE, *Lettres*, éd. et trad. P. Maraval, Paris, Cerf, coll. Sources Chrétiennes » 363, 1990 ; *La création de l'homme*, trad. J. Laplace, Paris, Cerf, coll. « Sources Chrétiennes » 6, 2002[2].

HÉLIODORE, *Les Éthiopiques (Théagène et Chariclée)*, trad. J. Maillon, Paris, Les Belles Lettres, 1960[2].

HERMOGÈNE, *Progymnasmata*, trad. M. Patillon, *L'art rhétorique*, Lausanne, L'âge d'homme, 1997 ; éd. gr. H. Rabe, Teubner, 1913.

HOMÈRE, *Iliade*, trad. P. Mazon, Paris, Les Belles Lettres, 1945-1949 (t. III, 1946) ; *Odyssée*, trad. Ph. Jacottet, Paris, La Découvverte, 2000 (Maspéro, 1982) ; *Odyssée*, éd. et trad. V. Bérard, Paris, Les Belles Lettres Poche, 2002[2].

JEAN CHRYSOSTOME, *Homélies I-V*, éd. de A.-M. Malingrey, trad. de R. Flacelière, Paris, Cerf, coll. Sources Chrétiennes » 28bis, tome I, 1970².

LUCRÈCE, *De rerum natura*, trad. J. Kany-Turpin, Paris, GF, 1997.

MÉTHODE D'OLYMPE, *Le Banquet*, éd. H. Musurillo, trad. V.-H. Debidour, Paris, Cerf, coll. « Sources Chrétiennes » 95, 1963.

NONNOS DE PANOPOLIS, *Les Dionysiaques*, tome II, éd. et trad. par P. Chuvin, Paris, Les Belles Lettres, 1976.

PAUL LE SILENTIAIRE, *Description de Sainte-Sophie de Constantinople*, éd. et trad. fr., M.-C. Fayant et P. Chuvin, Die, éditions À Die, 1997 ; P. Friedländer, *Johannes von Gaza, Paulus Silentiarius und Prokopius von Gaza*, Georg Olms, 1969² (Leipzig-Berlin, 1912).

PHILOSTRATE, *Imagines*, éd. et trad. angl. A. Fairbanks, Harvard Univ. Press, London, 1979 ; *La Galerie de tableaux*, trad. fr. d'Auguste Bougot (1881) révisée et annotée par F. Lissarague, Paris, Les Belles Lettres, 1991.

PLATON, *Cratyle*, trad. L. Méridier, Paris, Les Belles Lettres, 1931 ; *Timée*, trad. A. Rivaud, Paris, Les Belles Lettres, 1925 ; *Phèdre*, trad. L. Robin, Paris, Les Belles Lettres, 1933 ; *Philèbe*, trad. A. Diès, Paris, Les Belles Lettres, 1959 ; *Lois*, trad. A. Diès, Paris, Les Belles Lettres, 1951-1956 ; *Politique*, trad. A. Diès, Paris, Les Belles Lettres, 1950 ; *République*, trad. E. Chambry, Paris, Les Belles Lettres, 1946 ; *Sophiste*, trad. A. Diès, Paris, Les Belles Lettres, 1963.

PROCLUS, *Théologie platonicienne*, éd. et trad. H. D. Saffrey et L. G. Westerink, Paris, Les Belles Lettres, 2003.

PROCOPE, *De aedificiis*, in E. M. Antoniadis, *Ekphrasis tês Haghias Sophias*, 3 vol., Leipzig-Athènes, Teubner/Sakellariou, 1907-1909 ; Procope de Césarée, *Constructions de Justinien Ier*, Introduction, traduction, commentaire, cartes et index par Denis Roche (publ. posthume par A. Amato et J. Schamp), Alessandria, Edizioni dell'Orso, 2011.

AUTEURS MODERNES

BAL, Mieke, « On looking and reading : Word and image, visual poetics and comparative arts », *Semiotica* LXXVI, 1989 (p. 283-320).

BARBER, Charles, « Reading the Garden in Byzantium : Nature and Sexuality », in *Byzantine and Modern Greek Studies*, t. 16, Univ. of Birmingham, 1992 (p. 1-19).

BERTI, Enrico, *In principio era la meraviglia. Le grandi questioni della filosofia antica*, Laterza, Roma – Bari 2007.

BETTINI, Maurizio, « Construire l'invisible. Un dossier sur le double dans la culture classique », *Mètis. Anthropologie des mondes grecs anciens*, N. S. 2, 2004 (Paris-Athènes, Éditions EHESS), p. 217-230.

BODÉÜS, Richard, « Les jardins irrigués et le système vasculaire selon Aristote », in *Kêpoi. De la religion à la philosophie.* Mélanges offerts à André Motte, sous la dir. de E. Delruelle et V. Pirenne-Delforge, Presses Univ. de Liège, 2001 (p. 201-211).

BRIVIO, Guido, *Paradoxa Aphroditae. Le origini antiche della duplice dea et l'amor platonico*, Genova, Il Melangolo, 2007.

BROTTIER, Laurence, « L'image d'Antioche dans les *Homélies sur les statues* de Jean Chrysostome », *Revue d'études grecques* 106, 1993 (p. 619-635).

BRUBAKER, Leslie, « Talking about the Great Church : *ekphrasis* and the Narration on Hagia Sophia », *Byzantinoslavica*, 3/2011 (suppl.), p. 80-87.

BRUBAKER, Leslie, « Text and Picture in manuscripts : what's rhetoric got to do with it ? », in E. Jeffreys (éd.), *Rhetoric in Byzantium* (Papers from the 35th Spring Symposium of Byzantine Studies Exeter College, Univ. of Oxford, march 2001), Ashgate, Aldershot, 2003.

CASSIN, Barbara, « 'Hélène' Femme et *Logos* », dans le volume λόγον διδόναι *La filosofia come esercizio del render ragione*, Studi in onore di Giovanni Casertano, dir. par L. Palumbo, Naples, Loffredo editore, 2012 (p. 53-68).

CASSIN, Barbara, *L'effet sophistique*, Paris, Gallimard, 1995.

CASSIN, Barbara (éd.), *Le plaisir de parler. Études de sophistique comparée*, Paris, Les Éditions de Minuit, 1986.

CASSIN, Barbara (éd.), *Positions de la sophistique* (Colloque de Cerisy), Paris, Vrin, 1986.

CASSIN, Barbara, « Parle, si tu es un homme », in *La décision du sens. Le livre* Gamma *de la* Métaphysique *d'Aristote*, B. Cassin et M. Narcy, Paris, Vrin, 1998[2].

CHANTRAINE, Pierre, Dictionnaire étymologique de la langue grecque, Paris, Klincksieck, 1999 [1968].

CORMACK, Robin, « The Emperor at Saint Sophia : Viewer and Viewed », in A. Guillou et J. Durand (éd.), *Byzance et les images*, Conférences du Louvre (1992), Paris, La Documentation française, 1994.

CORMACK, Robin, « 'Living painting' », in E. Jeffreys (éd.), *Rhetoric in Byzantium*, Aldershot, Ashgate Variorum, « Society for the promotion of Byzantine studies », n 11, 2003 (p. 235-246).

COX MILLER, Patricia, « Relics, Rhetoric and Mental Spectacles, in Late Ancient Christianity », *in Seeing the Invisible in Late Antiquity and the Early*

Middle Ages, ed. G. de Nie, K. F. Morrison, M. Mosert, Brepols, Turnhout, 2005 (p. 25-52).

DANIÉLOU, Jean, « Introduction », dans Jean Chrysostome, *Homélies I-V*, éd. de A.-M. Malingrey, trad. de R. Flacelière, Paris, Cerf, SC 28bis, tome I, 1970[2].

DERRIDA, Jacques, *Les yeux de la langue. L'abîme et le volcan*, Paris, Galilée, 2012.

DRAGON, Gilbert, *Constantinople, naissance d'une capitale*, Paris, 1974.

DRBAL, Vlastimil, « L'Ekphrasis Eikonos de Procope de Gaza en tant que reflet de la société de l'Antiquité tardive », *Byzantinoslavica*, 3/2011 (suppl.), p. 106-122.

DUBEL, Sandrine, « *Ekphrasis* et *enargeia* : la description antique comme parcours », in *Dire l'évidence*, C. Lévy et L. Pernot (éd.), Parin, L'Harmattan, 1997 (p. 249-264).

DUPONT-SOMMER, André, « Un hymne syriaque sur la cathédrale d'Édesse », *Cahiers archéologiques*, II, 1947 (p. 3-39).

ELSNER, Jas, « Between mimesis and divine power : Visuality in the Greco-Roman world », in R. S. Nelson ed., *Visuality Before and Beyond the Renaissance. Seeing as Others Saw*, Cambridge, 2000 (p. 45-69).

FAYANT, Marie-Christine et CHUVIN, Pierre, « Introduction », *Ekphrasis de Sainte-Sophie*.... éditions À Die, 1997 (p. 19-49 ; deux études séparées).

FREEDBERG, David, *The Power of Images : Studies in the History and Theory of Response*, Chicago, 1989.

GERSCH, Stephen, *Concord in Discourse : Harmonies and Semiotics in Late Classical and Early Medieval Platonism*, New York, 1996.

GUASTINI, Daniele, « *Ekphrasis* e tipologia tra cultura pagana et cultura cristiana », in Ekphrasis, a cura di S. Marino e A. Stavru, *Estetica. Studi e ricerche*, 1/2013, Aracne editrice (p. 201-216).

HAUCK, Robert J., « 'They Saw What They Said They Saw' : Sense Knowledge in Early Christian Perspective », *Harvard Theological Review* 81, 1988 (p. 239-249).

JAMES, Liz, *Light and Colours in Byzantine Art*, Oxford, 1996.

JAMES, Liz., WEBB, Ruth, « To understand ultimate things and enter secret places : Ekphrasis and art in Byzantium », *Art History* 14, 1991 (p. 1-17).

JANES, Dominic, *God and Gold in Late Antiquity*, Cambridge, 1998.

JOHANSEN, Thomas K., *Plato's Natural Philosophy : A Study of the* Timaeus-Critias, Cambridge, 2004.

KOSTENEC, Jan, DARK, Ken, « Paul the Silentiary's description of Hagia Sophia in the light of new archaeological evidence », *Byzantinoslavica*, 3/2011 (suppl.), p. 88-105.

LAURITZEN, Delphine, « *Exegi monumentum* L'*ekphrasis* autonome de Jean de Gaza », *Byzantinoslavica*, 3/2011 (suppl.), p. 61-79.

LAVAGNE, Henri, Operosa Antra. *Recherches sur la grotte à Rome de Sylla à Hadrien*, École Française de Rome, 1988.

LECOQ, Anne-Marie, *Le bouclier d'Achille. Un tableau qui bouge*, Paris, Gallimard, 2010.

LEVINE, Adam, « Late Antique and Early Byzantine Religious Art and the Second Sophistic. The Case of Projecta's Casket », in *Byzantium Renaissances. Dialogue of Cultures, Heritage of Antiquity, Tradition and Modernity* (dir. M. Januchy *et alii*), Warszawa, 2012 (p. 131-141).

LÉVY, Carlos et PERNOT, Laurent, (éd.), *Dire l'évidence*, Parin, L'Harmattan, 1997.

MAGUIRE, Henry, *Art and Eloquence in Byzantium*, Princeton-New Jersey, 1981.

MAGUIRE, Henry, « Truth and Convention in Byzantine description of works of art », *Dumbarton Oaks Papers*, 28, 1974 (p. 111-140).

MAGUIRE, Henry, « The depiction of sorrow in Middle Byzantine art », *Dumbarton Oaks Papers*, 31, 1977, p. 123-174.

MAGUIRE, Henry, « The art of comparing in Byzantium », *The Art Bulletin* 70/1, 1988 (p. 88-103).

MAGUIRE, Henry, « A Description of the Aretai Palace and its Garden », *Journal of Garden History*, 10, 4, 1990 (p. 209-213).

MAGUIRE, Henry, « Imperial Gardens and the rhetoric of Renewal », in *New Constantines*, P. Magdalino (ed.), Variorum, Ashgate Publ. Hampshire, 1994 (p. 181-197).

MAGUIRE, Henry, « Two Modes of Narration in Byzantine art », in C. Moss, K. Kiefer, *Byzantine East, Latin West. Art Historical Studies in Honor of Kurt Weitzmann*, Princeton Univ., Departement of Art and Archaeology, Princeton, 1995 (p. 385-391).

MAGUIRE, Henry, *Rhetoric, nature and magic in Byzantine art*, Variorum Collected Studies, Ashgate Publishing, Aldershot, 1998.

MAGUIRE, Henry, « Byzantine rhetoric, Latin drama and the portrayal of the New Testament », in E. Jeffreys éd., *Rhetoric in Byzantium* (Papers from the 35th Spring Symposium of Byzantine Studies Exeter College, Univ. of Oxford, march 2001), Ashgate, Aldershot, 2003, p. 215-233.

MAGUIRE, Henry, « Nectar et illusion : art, nature et perception de la rhétorique à Byzance », in *La rhétorique au miroir de la philosophie. Définitions philosophiques et définitions rhétoriques de la rhétorique*, B. Cassin (éd), Vrin, Paris (2015).

MANGO, Cyril, *Architecture Byzantine*, Gallimard-Electa, Paris, 1993.

MATHIEU-CASTELLANI, Gisèle. (éd.), *La pensée de l'image. Signification et figuration dans le texte et dans la peinture*, Presses Univ. de Vincennes, Paris, 1994 ; en particulier, RIFFATERRE, Michaël : « L'illusion d'ekphrasis » (p. 211-229) .

MÉRIDIER, Louis, *L'influence de la seconde sophistique sur l'œuvre de Grégoire de Nysse*, Rennes, 1906.

MOTTA, Anna, « L'*ekphrasis* del discorso. Una lezione neoplatonica sul miglior artefatto », in Ekphrasis, a cura di S. Marino e A. Stavru, *Estetica. Studi e ricerche*, 1/2013, Aracne editrice (p. 187-200).

MUGLER, Charles, *Dictionnaire historique de la terminologie optique des Grecs. Douze siècles de dialogue avec la lumière*, Paris, Klincksieck, 1964.

MÜLLER, Friedrich, « Der zwanzigste Brief des Gregors von Nyssa », *Hermes* 74, 1939 (p. 66-91).

NELSON, Robert S., « To say and to see : Ekphrasis and Vision in Byzantium » in *Visuality Before and Beyond the Renaissance. Seeing as Others Saw*, ed., R. S. Nelson, Cambridge, 2000 (p. 143-168).

NILSSON, Ingela, *Raconter Byzance : la literature au XIIe siècle*, Les Belles Lettres, Paris, 2014 (en particulier p. 135-169).

NILSSON, Iingela, « Constantine Manasses, Odysseus, and the Cyclops », *Byzantinoslavica*, 3/2011 (suppl.), p. 123-136.

ODORICO, Paolo, MESSIS, Charis, *Villes de toute beauté : l'ekphrasis des cités dans les littératures byzantine et byzantino-slaves*, Actes du colloque international, Prague, 25-26 novembre 2011, organisé par l'Institut des Sciences de la République Tchèque et le Centre d'études byzantines, néo-helléniques et sud-est européennes de l'École des Hautes Études en Sciences Sociales, Paris 2012.

OLSZEWSKI, Marek-Titien, « L'image et sa fonction dans la mosaïque byzantine des premières basiliques d'Orient. L'iconographie chrétienne expliquée par Cyrille de Jérusalem (314-387) », *Cahiers Archéologiques* 43, 1995, p. 9-34.

O'MEARA, Dominic J., « Geometry and the Divine in Proclus », chap. V, « St. Sophia : a geometry of divine ? » in *Mathematics and the Divine : a Historical Study*, ed. T. Koetsier et L. Bergmans, Elsevier 2005 (p. 135-145).

PALUMBO, Lidia, « Portare il lettore nel cuore del testo. L'*ekphrasis* nei dialoghi di Platone », in Ekphrasis, a cura di S. Marino e A. Stavru, *Estetica. Studi e ricerche*, 1/2013, Aracne editrice (p. 35-46).

PALUMBO, Lidia, Mimesis. *Rappresentazione, teatro et mundo nei dialoghi di Platone e nella* Poetica *di Aristotele*, Loffredo, Napoli, 2008.

PAPAIOANNOU, Stratis, « Animate statues : aesthetics and mouvement », in *Reading Michael Psellos*, éd. par Ch. Barber et D. Jenkins, Leiden-Boston, Brill, 2006 (p. 95-116).

PAPAIOANNOU, Stratis, « Byzantine *Enargeia* and Theories of Representation », *Byzantinoslavica*, 3/2011 (suppl.), p. 48-60.

PERNOT, Laurent « La concentration intellectuelle de Plotin (Porph., *Vit. Plot.* 8) », *Revue des études grecques*, t. 125, janv.-juillet 2012 (Paris, Les Belles Lettres), p. 131-157.

PIGEAUD, Jacquie, *L'art et le vivant*, Paris, 1995.

PRIOUX, Évelyne, « I colori di Filostrato il Vechio. Dalla pittura delle emozioni e dei caratteri alle metafore dell'opera sofistica », in Ekphrasis, a cura di S. Marino e A. Stavru, *Estetica. Studi e ricerche*, 1/2013, Aracne editrice (p. 163-185).

ROUVERET, Agnès, « Vitruve et les faux-semblants », in *La pittura parietale in Macedonia et Magna Grecia*, Paestum, 2002.

SARADI MENDELOVICI, Helen, *The Byzantine City in the Sixth Century : Literary Images and Historical Reality*, Monographs of Messenian Archaeological Studies, Athens, 2006.

SARADI MENDELOVICI, Helen, « The Monuments in the Late Byzantine Ekphraseis of Cities : Searching for Identities », *Byzantinoslavica* 3/2011 (suppl.), p. 179-192.

SARADI MENDELOVICI, Helen, « The *ekphrasis* of Trebizond by Bessarion, antiquity and the historical message » [en grec], *Byzantinos Domos* 17-18 (2009-2010), p. 33-56.

SARADI MENDELOVICI, Helen, « Beholding the City and the Church : The Early Byzantine Ekphraseis and Corresponding Archaeological Evidence », *Deltion tis Christianikis Archaiologikis Hetaireias* 24 (2003), p. 31-36.

SARADI MENDELOVICI, Helen, « Perceptions and Literary Interpretations of Statues and the Image of Constantinople », *Byzantiaka* 20 (2000), p. 3-41.

SKARSOULI, Pinelopi, « S'interroger sur la relation entre couleurs et mots. Le terme *Phármakon* chez Empédocle », in : *L'Antiquité en couleurs : catégories, pratiques, représentations*, M. Carastro (éd.), Grenoble, J. Millon, 2009 (p. 165-177).

STEVENS, Walace, *Description sans domicile*, trad. B. Noël, Éditions Unes, 1989.

THEIN, Karel, « La force du vraisemblable. Philostrate, Callistrate et l'image à l'épreuve de l'*ekphrasis* », *Mètis, Anthropologie des mondes grecs anciens*, N. S. 6, 2008, (Paris-Athènes, Éditions EHESS), p. 315-334.

THEIN, Karel, cycle de conférences présentées en mai 2012 dans le séminaire de F. Lissarague à l'EHESS « L'artifice de la description. Repenser l'objet ekphrastique ».

THIERRY, Nicole, « Avanos-Venasa, Cappadoce », in *Geographica Byzantina*, Paris, 1981 (p. 119-129).

VASILIU, Anca, *Dire et voir. La parole visible du* Sophiste, Paris, Vrin, 2008.

VASILIU, Anca, « Una dimora per la sapienza, l'ultimo monumento dell'antiquità » in *Monumentum. L'abitare, il politico e il sacro*, sous la dir. de S. Petrosino, Milan, Jaca Book, 2011 (p. 113-136).

VASILIU, Anca, « Philosophie, rhétorique ou théologie ? Du platonisme littéraire et critique chez Grégoire de Nazianze », *Chôra*, 6, 2008 (p. 59-100).

VASILIU, Anca, « L'image divine et son reflet. Quelques usages antiques du dédoublement », in *L'icône dans la pensée et dans l'art*, sous la dir. de K. Mitalaité et A. Vasiliu, Turnhout, Brepols (sous presse).

VASILIU, Anca, « Del divino nelle tecniche. Descrivere in stile omerico alla fine dell'antichità »), in Ekphrasis, a cura di S. Marino e A. Stavru, *Estetica. Studi e ricerche*, 1/2013, Aracne editrice (p. 233-268).

WALTZ, Pierre, *Anthologie grecque*, « Introduction », Paris, Les Belles Lettres, 1960, tome 1.

WEBB, Ruth, *Ekphrasis, Imagination and Persuasion in Ancient Rhetorical Theory and Practice*, Ashgate, 2009.

WEBB, Ruth, « Mémoire et imagination : les limites de l'enargeia dans la théorie rhétorique grecque », in *Dire l'évidence*, C. Lévy et L. Pernot (éd.), Parin, L'Harmattan, 1997 (p. 229-248).

WEBB, Ruth, « The aesthetics of sacred spaces : narrative, metaphor and motion in *ekphraseis* of church buildings », *Dumbarton Oaks Papers* 53, 1999 (p. 59-74).

WEBB, Ruth, « Praise and persuasion : argumentation and audience response in epideictic oratory », in E. Jeffreys (éd.), *Rhetoric in Byzantium* (Papers from the 35th Spring Symposium of Byzantine Studies Exeter College, Univ. of Oxford, march 2001), Ashgate, Aldershot, 2003 (p. 127-135).

WEBB, Ruth, conférence « Quelques fonctions de l'*ekphrasis* dans les *Éthiopiques* d'Héliodore », présentée à la séance du 12 mai 2012 de l'Association des Études grecques.

INDEX DES AUTEURS ANCIENS

INDEX DES AUTEURS MODERNES

INDEX DES ŒUVRES ANCIENNES CITÉES

TABLE DES MATIÈRES

COLLECTION
« KAÏNON – ANTHROPOLOGIE
DE LA PENSÉE ANCIENNE »

La collection « Kaïnon » privilégie les approches innovantes (historiques, philosophiques, archéologiques, philologiques), s'appuyant sur la plus grande variété de documents (textes, objets, images), et concernant les diverses constructions culturelles (matérielles, intellectuelles, artisanales) constitutives de la Méditerranée antique. Elle accueille aussi bien les monographies que les actes de colloques ou les ouvrages collectifs.

Retrouvez tous les titres de la collection en scannant ce code QR :

Et pour recevoir nos dernières actualités, abonnez-vous ici :